Y TÚ, ¿POR QUÉ HACES EL CAMINO?

Primera edición: Abril, 2024

Rapitbook Editorial
www.rapitbook.com
ISBN: 978-84-128217-5-8

Autor: José Luis Galmés Olmos
Edición: Primera, abril, 2024
Fotografía de cubierta: José Luis Galmés Olmos

Impresión y encuadernación: Impresrapit
www.impresrapit.com
Impreso en España - Printed in Spain

ÍNDICE

Prólogo...5

Primer tramo: de Barcelona a Monzón...................................7

Segundo tramo: de Monzón a Huesca.................................33

Tercer tramo: de Huesca a Santa Cilia de Jaca.........................43

Cuarto tramo: de Santa Cilia de Jaca a Estella.........................59

Quinto tramo: de Estella a Santo Domingo de la Calzada............73

Sexto tramo: de Portugalete a Santander.................................83

Séptimo tramo: de Santander a Avilés...................................97

Octavo tramo: de Avilés a Tapia de Casariego........................123

Noveno tramo: de Tapia de Casariego a Vilalba......................139

Décimo tramo: de Vilalba a Santiago de Compostela...............151

PRÓLOGO

Desde muchos años atrás he tenido la ilusión de recorrer el Camino de Santiago.

Lo emprendí en abril del 2020, con 66 años, en plena pandemia y confinamiento por la Covid19 y lo finalicé en el 2022, en Noviembre de ese año con 68, con un total de diez tramos realizados en ese tiempo. Tras cada tramo regresaba a Barcelona, mi ciudad de residencia, para volver, al mismo lugar, al iniciar el siguiente.

Junto a mi ilusión ha ido siempre unida la curiosidad por conocer la razón o razones por las que los demás peregrinos hacían su Camino. Debo decir que ninguno de los encuestados rehuyó su respuesta, lo que puede dar señal de la apertura generosa y del espíritu de cooperación que reina en él.

Soy farmacéutico y he utilizado durante muchos años el lenguaje escrito científico, simple, poco literario, propio de mi profesión. Permitidme pues que estas páginas estén escritas tal y como fluían las palabras de mi cerebro, sin más miramientos.

José Luis Galmés Olmos

Y TÚ ¿POR QUÉ HACES EL CAMINO?

PRIMER TRAMO: DE BARCELONA A MONZÓN

Pude haber comenzado por el camino forestal señalado como GR-6 que parte junto al Parc del Laberint, antiguo jardín de la bonita casa de campo de los marqueses de Alfarrás que, con el laberinto de cipreses recortados en su centro y sus rincones románticos, es, al menos para mí, uno de los más singulares y atractivos de Barcelona.

De haberlo hecho así, habría seguido el consejo de la Asociación de Amigos del Apóstol y del Camino de Santiago de Barcelona, a la que visité poco antes de emprender mi recorrido para pedirles información sobre el Camino Catalán por San Juan de la Peña.

Pero no lo hice y no por llevar la contraria a nadie, sino porque me atraía más la posibilidad de dirigirme hacia Montserrat recorriendo las orillas del río Llobregat, pues siempre me han seducido los ríos y además porque así tendría la oportunidad de conocer, al llegar a Martorell, el famoso Pont del Diable, que cruza justamente el Llobregat muy cerca de esa ciudad. ¡Tantos años viviendo en la Ciudad Condal, teniéndolo a tiro de piedra y nunca me había acercado a él!

Inicié el camino un sábado por la mañana tempranito, cuando empezaba a despertar el día. Salí de casa hacia las siete y mi hermano Lorenzo me llevó en su coche hasta la confluencia de la autovía de Castelldefels con el desvío hacia El Prat, muy cerca del hospital de Bellvitge.

El río bajaba con fuerza, llevaba un buen caudal y es que, por fortuna, había llovido pocos días antes. Digo "por fortuna" porque hacía mucho tiempo que no caía ni gota por estas tierras. Ahora, en primavera, el campo agradece, mostrando su verdor y belleza, la llegada de la lluvia y el río canta mucho más alegre.

Nada más iniciar la marcha veo árboles a uno y otro lado de los dos caminos centrales, en la ribera derecha del río, pues hay una senda tercera, más estrecha, bien pegada al cauce. Son chopos, sauces llorones, fresnos, álamos blancos, tamariscos, almeces, todo eso junto a retamas, algunas en flor, cañaverales, acebuches, algunos almendros repletos de almendras aún verdes. En medio del silencio el ruido de unos ramajes que provoca un conejillo saltarín, y allá en aquella acacia seis o siete cotorras bellísimas y escandalosas. Cuando dirijo la mirada hacia el río ¡córcholis! veo a lo lejos una familia de patos bailando felizmente sobre las aguas. "¡Para y haz una foto de esto, que no se lo van a creer! ¡Ya la tengo!"

Entre Cornellá y Sant Boi dejo, junto al camino, tres o cuatro higueras enormes, llenas de higos. Sus frutos, todavía inmaduros, están al alcance de la mano y en casos así, en un camino público siempre me pregunto por el destino de estas frutas. ¿Quién se las puede comer? ¿El primero que llega?
Acercándote a Sant Boi te encuentras con un meandro y en el lado derecho del rio, por donde voy, una zona sombría y fresca, cargada de fresnos, álamos blancos, sauces y chopos y en los remansos que propicia el meandro, plantas acuáticas entre las que de nuevo aparecen patos. "¿Otra fotografía, para los incrédulos? Pues sí, vale."

Es posible que os hayáis percatado de mi afición por los árboles, ahora me doy cuenta de que he mencionado unos cuantos, quizás en exceso. Permitidme esta licencia: soy farmacéutico y la asignatura de Botánica se ve que dejó huella en mí, sobretodo la relacionada con los árboles, unos seres que me atraen por su belleza, por su complejidad y por los innumerables servicios que prestan a la Naturaleza y al hombre.

Después del meandro los tres caminos se unen en uno y parece que la vegetación disminuye un poco pero no deja de ser un espacio natural sorprendente. Sigo hacia adelante y paso junto a Santa Coloma de Cervelló, el pueblo donde se encuentra la Colonia Güell y la famosa cripta del genial Gaudí, en la que éste dio rienda suelta a su colosal imaginación, un lugar que recuerdo con fascinación desde que tuve la suerte de visitarlo. Acercándome a la antigua ciudad romana de Sant Vicenç dels Horts, entre tamariscos, veo a una pareja joven jugando al ajedrez, junto al río. Son las diez de la mañana. ¡Esto es afición! Unos centenares de metros después tres pescadores lanzan sus cañas al agua. ¡Quién lo hubiese imaginado!

Recuerdo perfectamente como era el Llobregat hace 50 años: un mísero reguero de agua sucia que corría por un lecho gris, sin apenas caudal en su tramo final y cuyos márgenes estaban repletos de vertederos, graveras, huertos ilegales, basuras de todo tipo. En algún lugar leí que éste, junto al Besós, eran dos de los ríos más explotados y contaminados del mundo. Y ahora pues ya ves, parecía imposible pero ¡se ha ganado la batalla! Esto me llena de esperanza.

Sí, ¿por qué no esperar que los hombres podamos ser capaces de revertir al menos gran parte del mal que hemos infringido a la Naturaleza? Me siento bien, pensando que yo también puedo participar de este necesario y valiosísimo progreso y que puedo animar a mi familia y amigos a hacer lo mismo. Y esto alivia el pesar que me causaron las declaraciones de un premio Nobel de Química que afirmaba que indefectiblemente la Tierra se acabará por el imparable cambio climático y que tendremos que irnos a otro planeta.

Entro en un camino entre la vía del tren y el río que tiene una parte de tierra y otra de cemento y que está muy bien trazado y construido, de unos dos kilómetros de largo. En este tramo hay una serie de huertos muy bien cuidados. ¿Tendrá su presencia que ver con el nombre del pueblo? Me paro en un banco delante del río ¡qué placer! Desde hace un rato oigo el tráfico rodado a uno y otro lado ¡Vaya fastidio! También pasa por aquí el AVE, pero éste lo hace en silencio. Precisamente para evitar el ruido del tráfico una muchacha caminante que me adelanta, me aconseja pasar, a la margen izquierda, cuando nos acercábamos a un paso bajo, de cemento que cruza casi a ras del agua.

Atravieso por el paso y continúo el camino por la margen izquierda donde vuelvo a encontrarme con tramos verdes muy bonitos y de nuevo grupos de sauces, chopos, fresnos, abedules y tamariscos, junto a carrascas, retamas y zarzamoras...

Y paso frente a Sant Andreu de la Barca por un bonito camino de acacias, hasta que después de dos grandes curvas del río ¡la ilusión! ¡veo la caseta de la parte alta del Pont del Diable! ¡A medida que me acerco me invade más y más el asombro al ir apreciándolo en toda su grandeza! ¡qué diseño! y ¡qué altura! Tiene tres arcos, el central altísimo con la caseta en la cúspide. Para entrar por él a pie en Martorell debes pasar un arco (que luego me dijeron que es original romano) para embocar una pendiente con escalones bajos y amplios, hasta la caseta y descender por el otro lado. Extraordinario el diseño para evitar las crecidas. El patrón del hostal donde dormí (en Martorell no hay albergue para peregrinos del Camino, porque no es lugar de paso), me explicó que el puente formaba parte de la Vía Augusta, se edificó durante el imperio de Augusto unos años antes de Cristo ¡impresionante, ya que los contrafuertes y pilares son originales! Y que en el siglo XIII se reconstruyó con los dos arcos ojivales actuales (el tercero es de medio punto). Su importancia tuvo que ser enorme ya que hasta el siglo XIV era el único puente del bajo valle del Llobregat. El paso por él se hacía pagar, claro. En la caseta del vértice. O pagabas o marcha atrás…..Esto me hace pensar en los peajes de nuestras autopistas…

Es sábado, el ayuntamiento está cerrado y la parroquia también, así es que me senté en una mesa de un bar de la plaça de la Vila y me tomé lo que me puso la amable camarera: unos trozos de tortilla de patatas con "pà amb tomaquet" y una cerveza fresca. Todo muy rico. Siempre he creído que tener apetito es una suerte. Con hambre todo te sabe bueno. Lo digo sin menospreciar a quien acertó de pleno cocinando la tortilla de patatas. Y tres mandarinas de postre que me regaló la amable mujer. Exquisitas. Ella me indicó un hostal modesto, próximo, donde pasar la noche, porque, como ya he mencionado, aquí no hay albergue para peregrinos. Allá que fui, tomé una ducha verdaderamente reconfortante, y después de un rato de siesta me acerqué de nuevo a la parroquia de Santa María, a ver si me sellaban la credencial. El sacristán, que andaba nervioso con los preparativos de la misa, me la sella. Me quedo en Misa. Hace unos minutos mi ahijada me dice que su padre, mi amigo Manuel, ha debido ingresar de nuevo y he pensado que podía rezar por él. El sacristán me invita a leer la primera lectura y los salmos.

– Oiga, que aquí no me conoce nadie.

– Es igual, no tengo a mucha gente hoy y Ud. es un peregrino.

– Bueno, pues venga.

Tuvimos también bendición de ramos, era el sábado anterior al domingo de la entrada en Jerusalén. Después me tragué en el hostal un Huesca-Barça soporífero y me quedé frito en segundos.

El domingo me levanté con ciertas molestias, sobre todo en la espalda y en los hombros, pero estaba animado con la idea de llegar a Montserrat, el extraordinario monasterio benedictino que guarda a "La Moreneta".

El patrón del hostal, además de las explicaciones sobre el puente, me dio un buen desayuno. Café doble con leche, croissant de los buenos, de los que se exfolian y no pesan, dos tostadas de pan con mantequilla y mermelada, zumo de naranja y lo que me apeteciera de más. Gracias, señor pero no puedo más. ¡Ah! y para el camino, una botella de agua mineral. ¡Caramba, que detalle!

Salí por el sur bordeando un rato el río y al dirigirme a Abrera lo hice probablemente mal, porque no encontré camino rural hacia allí de manera que tuve que avanzar por el arcén de la carretera e incluso por el de un tramo de la autovía con el consiguiente riesgo. Atravesé el pueblo y al final de la calle Major me encuentro una preciosa iglesia románica con un campanario espectacular y tres ábsides. Todo en muy buen estado, parecía recientemente restaurado. Vi que estaba abierta, entré y estaban celebrando misa. Como era Domingo de Ramos y me apetecía, entré y comulgué y ¡caramba, pero si a este cura lo conozco yo de algo!

Cuando acabó la misa fui al cura a pedirle que me sellara la credencial. Era joven, muy jovial, y no pude reprimir el decirle que yo le conocía de algo, que le había visto en alguna parte. En la sacristía, mientras ponía el sello, me dijo que tenía mucha prisa porque en poco rato iba a celebrar la bendición de ramos y que quería que fuera algo especial porque habría música en directo que él mismo iba a interpretar. ¡Toma! entonces caí en la cuenta de por qué conocía yo a este hombre! ¡Era el cura rockero que un domingo escuché en San Miguel, una iglesia de la calle Rosselló de Barcelona, al acabar la misa! Cantó allí mismo y lo hizo muy bien, a capela y le compré a la salida un CD, que por cierto, no había llegado a escuchar. Los dos reímos, salimos al patio y le pedimos al sacristán que nos hiciera una foto. Y nos la hizo. Se llama Francisco, este párroco de Abrera y me parece un muy buen músico. Ahora sí, me comprometo a oír su compact en cuanto lo localice en casa.

Sigo adelante por el Camí Reial, unos cinco o seis kilómetros y me encuentro con Esparreguera y su iglesia parroquial de Santa Eulália, un templo impresionante en cuanto a dimensiones y con una nave única, sin columnas, muy meritoria y un campanario verdaderamente esbelto. Yo buscaba el sello, pero allí dentro había mucho ajetreo y no estaba el párroco. Pensé que probablemente estarían con los preparativos de la tradicional representación de la Pasión, tan famosa e interesante. Seguí mi camino, hacia Collbató, por cierto, un camino precioso en todo su recorrido, aunque con algunos repechones en los que debes poner las cuatro tracciones porque si no te vas "patrás".

Tremendo para mi edad. En el trayecto impera ya el pino piñonero y el pino carrasco (pinus hallepensis), alguna que otra encina, retamas, lentiscos, acebuches y bojs y también romero, lavanda, tomillo, euphorbias y borragináceas cuyo nombre ya no recuerdo. Subiendo puedes disfrutar de vistas maravillosas, con el macizo de Montserrat al fondo. Y llego a Collbató, un pueblo agradable por demás. Con hambre, son más de las dos. Me siento en una de las coquetonas terrazas de aquí, en la de La Torre y me sirven unas croquetas de cocido enormes y unos calamarcitos en salsa de tomate, con unas olivas y una cerveza fresca antes de los platos, para hacer boca. ¡Que Dios nos pille confesados! Con la subidita que me espera!

Un collbatoní (así se llaman sus habitantes) me recomienda que coja el camino de la Cova del Salnitre, paso por delante de la bonita fachada barroca de la iglesia que está cerrada y emboco hacia él. No conozco la Cova del Salnitre pero dicen que es enorme, con estalactitas y estalagmitas y que aquí se inspiró Gaudí para diseñar la fachada del Nacimiento de la Sagrada Familia de Barcelona. Afronto el último tramo, de unos 6 kilómetros. ¡Venga, ánimo, que lo vas a necesitar! De momento un puñado de escalones de la escalinata que accede a la Cova y luego un sendero precioso, que lleva a otra cova, la Santa Cova, en el que la leyenda sitúa el lugar donde se encontró la imagen de la Virgen. En el sendero veo carrascas (Quercus coccifera), "herbes de Sant Jordi" (Centrantus ruber), de bonitas flores rosas, lentiscos (Pistacea lentiscus), acebuches, zarzaparrillas, zarzamoras (Rubus ulmifolius) de flor blanca algunos Ruscos (Ruscus aculeatus) y Vidalbas o Hierbas del pordiosero (Clematis vitalba) éstas también con flores de precioso blanco. ¡No creáis que conozco todos estos nombres de plantas en latín!, muchos están en carteles indicadores a lo largo del camino, lo que me parece un acierto. Voy subiendo, fatigado pero con la ilusión encima. Me caigo al tropezar con unas piedras y me hago daño en una cadera y el tobillo derecho, pero me repongo pronto y sigo. ¡Mira, ya se ve ahí, colgado, el monasterio! ¡Qué bonito es todo esto! ¡Qué diferente! Son rocas y paredes redondeadas impresionantes y encastado entre ellas el monasterio benedictino, considerado punto de inicio oficial del Camino de Santiago en Catalunya.

Hacia Montserrat

Llegué a la gran plaza de delante del monasterio hacia las 18 horas, después de una jornada agotadora. Enseguida me indicaron la oficina de acogida de peregrinos, que está allí mismo, donde me atendió el gran "hospitaler" Jordi, con una amabilidad benedictina, siendo él un seglar que realiza esta labor por puro altruismo. Me hizo rellenar unos papeles estadísticos, luego me impuso el sello en la credencial -qué bonito es- me invitó a asistir a todos los actos del programa de esa tarde (la del Domingo de Ramos) y finalmente me acompañó al nuevo y magnífico albergue de peregrinos.

Allí me presentó a dos caminantes que habían llegado poco antes y esto me hizo mucha ilusión, porque, aunque no lo haya dicho hasta ahora, uno de los atractivos primordiales de mi Camino es conocer a otros peregrinos y preguntarles por qué decidieron hacerlo. Estos caminantes eran Ivo Jordens, flamenco belga y Kim Nag Yong, de Corea del Sur.

Con los dos estuve disfrutando del programa magnífico que nos ofreció Jordi, que empezó con la asistencia al rezo de vísperas, la iglesia llena a rebosar y durante el que cantó la célebre y maravillosa Escolanía que nos dejó a mis compañeros y a mí mismo boquiabiertos. Después estuvimos cenando en el restaurante de lujo del hotel por un precio ridículo, 10 euros, un precio reservado a los peregrinos, claro, y finalmente, asistimos, ya exhaustos, a un concierto coral que no pudimos acabar de oír porque el cansancio pudo más.

A la mañana siguiente, Jordi, levantado desde muy temprano y trabajando con un ordenador, nos tenía preparado un frugal desayuno, pero ¡qué ambiente de fraternidad! Lo primero que hizo Kim fue sacar de su bolsa una manzana y partirla en cuatro trozos para darnos uno a cada uno.

En fin, hay que movilizarse, nos vamos hacia Igualada, nuestro siguiente destino. Salimos los tres juntos después de despedirnos de Jordi y nada más empezar, Kim nos avisó que él iría a su ritmo y tomaría sus propios caminos, entre otras cosas porque iba pertrechado con cámaras de fotos y hasta un trípode, de manera que, avanzaría lentamente y que ya nos volveríamos a encontrar.

Ivo y yo, siguiendo el consejo de Jordi, bajamos por el camino de Santa Cecilia. ¡Qué preciosidad! Nos paramos un momento para hacer unas fotos y seguimos hacia Sant Pau de la Guàrdia con un día soleado y agradable temperatura. La vegetación es muy similar a la encontrada de camino hacia el monasterio.

A Ivo le pregunté durante la cena en Montserrat por qué hacía el Camino. Y me respondió (chapurreando, como yo, en inglés) con una breve historia. Él era panadero, trabajaba en un horno y al mismo tiempo jugaba al fútbol. Un mal día se lesionó gravemente en la pierna, sufriendo una fractura "complicada". Tan complicada fue que ¡tuvieron que intervenirle 10 veces! Las nueve primeras acabaron en fracaso y, en la décima, recibió del cirujano este duro mensaje: Ivo, voy a operarte por décima vez pero si en ésta no conseguimos nada tendré que amputarte la pierna. Ivo se encomendó a Dios: Señor, si salvas mi pierna te prometo caminar y caminar por ti. ¡Y así ha sido! ¡Este era su noveno Camino! Ya había recorrido el francés, el del norte, el de la plata, el mozárabe, el del Sureste desde Gibraltar, desde Oporto, desde Sevilla y no sé cuáles más, pero le faltaba el Camí catalá desde Barcelona, y en eso estaba. Un gran compañero de Camino, mientras lo compartí con él. Lástima porque él había decidido seguir por Lleida y Zaragoza mientras que yo tomaría el de San Juan de la Peña, por el norte. Ivo iba muy ligero de equipaje, todo lo contrario que yo. No llevaba planos, se guiaba únicamente por un roído y arrugado papel en el que tenía escritas a mano las etapas que debía ir completando cada día. Una gran persona, discreta, amable y positiva que caminaba con agilidad tal que me puso a prueba en muchos momentos.

Entendí mejor su entrega al camino cuando le oí decir que "para mí, caminar es rezar con los pies" y eso es lo que hacía.

Seguimos juntos hasta Igualada, pasando por Sant Pau de la Guàrdia y por Castellolí, donde hicimos un descanso y compramos un ibuprofeno en el botiquín-farmaciola, porque mis pies empezaban a quejarse. Al llegar a Igualada nos recibieron muy bien en el Ayuntamiento, nos sellaron la credencial y nos informaron de cómo llegar al "Refugi del Camí de Sant Jaume" que han habilitado en el antiguo matadero de la ciudad. Por 10 euros tuvimos cama con funda de almohada limpia y sábana bajera, un champú, un gel de baño y ducha. Y allí pasamos la noche muy bien, no sin antes visitar la impresionante iglesia-basílica de Santa María y de tomar con mi sobrina Carla, ¡qué casualidad que ella estuviera haciendo su residencia como cirujana allí!, una cerveza. Esa noche fuimos los únicos huéspedes del albergue.

De Igualada salimos por un barrio residencial hasta llegar a la Ermita de Sant Jaume Sesoliveres, románica, con la que nos hicimos alguna foto. Seguimos hasta Jorba y allí paramos a comernos una *butifarra a la brasa amb seques*. Creo que el plato gustó a Ivo. Y mucho. Continuamos hasta el pueblecito de Santa María del Camí y allí volvimos a parar para admirar, aunque solo fuera externamente, su iglesia románica, del siglo XII. Antes de llegar a La Panadella, nuestro final de etapa, tuvimos que recorrer, por la antigua carretera nacional, casi 5 kilómetros de cuesta continua que se me hizo interminable. Llegamos, nos dieron habitación en el hostal Bayona y comimos muy bien allí mismo, antes de echarnos una buena siesta.

Cenamos prontito y hacia las nueve bajamos de nuevo al comedor para ver por televisión el partido del Barça con el Manchester United y ¡sorpresa! allí estaba nuestro amigo Kim tomándose un pollo asado con patatas fritas. Y, una vez más, partió su plato en tres para compartirlo con nosotros. Fue difícil convencerle de que ya habíamos cenado y no podíamos comer más, pero aun así nos obligó a tomar algunas patatas y un poco de vino al negarnos en redondo a compartir también el pollo. Tremendo este Kim, con su sonrisa permanente en los labios.

Durante la cena nos explicó que había hecho el Camino cuatro veces, con distintos recorridos, nos enseñó múltiples fotos, algunas muy bellas y nos comentó que había vivido muchas anécdotas. Recuerdo una de ellas: nos enseñó una foto de un matrimonio nórdico que conoció haciendo el camino francés, estaban en el tramo de Puente la Reina a Estella. Un tiempo después ese matrimonio, enamorado del Camino, repitió la experiencia y, al pasar por ese mismo tramo, la esposa se desplomó falleciendo en el instante por un infarto fulminante. El esposo viudo le envió una fotografía mostrando a Kim la cruz que, junto al puente romano sobre el río Salado, recuerda el lugar. La cruz lleva un escrito: Arne Skov Schmidt , "Murió aquí haciendo el Camino". Le dije a Kim que mi intención era pasar por allí y que intentaría visitar el lugar.

A mi pregunta de por qué hacía el Camino me respondió que en primer lugar era católico y conocía el significado y la trascendencia de esa tradición cristiana. Después añadió que era una forma de abrirse a los demás, de compartir, de salir del círculo cerrado al que te empuja el no disponer de tiempo para otra cosa que no sea el trabajo. En el primer camino quería "liberarse de la prisa y de la brutal velocidad que impera en la sociedad coreana" y por fin "también por mi salud física y mental".
Kim era profesor de la *High School*, tiene 61 años y dice que "ahora soy libre" y es que ya está jubilado.

Salimos de nuevo los tres juntos de La Panadella pero a los pocos minutos ya se quedó rezagado Kim con su trípode a cuestas y ya no lo volvimos a ver.

El camino de La Panadella a Pallerols es precioso, con encinas y pinos y verdes campos de cebada y trigo y centeno y pajarillos que trinan sin cesar rompiendo el que sería un silencio absoluto. ¡Qué sensación de paz y libertad! Qué maravilla para un individuo que, como yo, habita en una ciudad como Barcelona y en una calle por donde pasan 70000 vehículos diarios!

Nos paramos a tomar plácidamente un café con leche en Sant Antolí y de allí a Vergós y a Cervera. Cervera es ciudad importante, con la Universidad del siglo XVIII y la "Paeria" donde nos sellan la credencial y la iglesia de Santa María. Comimos un buen bocadillo en la plaça Major y le recordé a Ivo que el extraordinario piloto de motos Marc Márquez, es natural de este pueblo. Cuando salíamos de la plaza en dirección a Tárrega nos topamos con un señor que casualmente era el sacristán de Santa María, a quien preguntamos si sabía por qué estaba cerrada. El hombre nos dijo que únicamente abrían el domingo, pero le dio cosa que nos fuéramos sin verla e hizo marcha atrás y nos la abrió. ¡vaya maravilla de iglesia gótica! ¡enorme! con un altar descomunal, un crucero amplísimo, gran altura, grandes columnas. Situado él debajo del crucero nos explicó que en ese lugar se creó la Generalitat de Catalunya en el siglo XIV.

Seguimos hacia Tárrega, nos quedan 11 kilómetros. Llegamos muy fatigados y nada más entrar en el pueblo nos para un señor que iba con una hija con discapacidad para preguntarnos si éramos peregrinos y adónde íbamos. El hombre tenía ganas de hablar y nosotros de descansar pero en una de sus peroratas nos dijo algo interesante: ”para hacer el Camino genuino se necesitan 4 cosas importantes: la primera es ir solo, la segunda hacerlo a pie, la tercera no ir preparado y resolver las situaciones conforme se presentan y la cuarta dormir en los albergues del Camino. Bueno, al menos en esto creo que tanto Ivo como yo, cumplimos”.

Por fin dimos con C´an Aleix, el buen albergue de la ciudad. Allí dormimos juntos en la misma habitación Ivo y yo. Por 15 euros dormimos y desayunamos muy bien. Y nos duchamos. Dimos un paseo por la tarde y llegamos a la plaça Major con una magnífica cruz gótica y donde está la iglesia de Santa María del Alba, una enorme iglesia barroca-neoclásica con la imagen de la Virgen con el Cristo yacente impresionante en el altar. La iglesia a oscuras hacía resaltar más sus figuras iluminadas. El rector nos selló la credencial.

Por la noche, en el albergue, Ivo me enseñó las enormes cicatrices de su pierna izquierda y las huellas de la otra que utilizaron los cirujanos para practicarle multitud de injertos.

Compré en una farmacia unos tapones de oídos, porque me pareció que en Montserrat Ivo roncaba de lo lindo. Me los puse, pero estaba tan agotado y me dormí tan deprisa, que creo que no los habría necesitado.

Por la mañana temprano salimos juntos del albergue. Recorrimos unos cientos de metros hasta que llegó mi desvío: Camino de San Juan de la Peña. Y allí nos separamos. Él debía seguir hacia Lleida. Cuando fui a abrazarle vi que lloraba y automáticamente también a mí se me saltaron las lágrimas. Fue un instante, nos abrazamos y, como le gustaba a él decir, nos despedimos con un “buen Camino”. Un gran tipo este Ivo, un buen hombre. Espero volverle a ver o al menos volver a saber de él.

Sigo hacia Linyola y paso, después de un tramo con muchos almendros repletos de almendras aún verdes, por unos prados, también muy verdes, de cereales, y de repente, junto a unas casas, un árbol majestuoso de una altura colosal. Me acerco y creo que es un chopo. Un chopo gigantesco que fotografié para la memoria. Atravieso un canal que lleva mucha agua. Un cartel indicador dice que es el canal d´Urgell, y a continuación campos enormes de nogales cultivados, de manzanos, de cerezos, de perales. Antes de llegar a Tornabous vi un rebaño de ovejas en su corral, y con ellos, un montón de perros enormes de color beige que estaban sueltos, fuera. Pasé con respeto, la verdad, pero quitando uno que se me acercó lentamente y me miró con desdén, los demás ni se inmutaron, para mi fortuna.

En Tornabous hice una foto de su ayuntamiento, antiguo palacio renacentista, y seguí hacia El Terrós, donde un campesino se detiene con su coche, para decirme que en ese lugar nació Lluis Companys y me señala exactamente la casa de nacimiento. Me sorprendió mucho su actitud, se acercó a mí como si me conociera de toda la vida.

En el tramo entre El Terrós y La Fuliola, un pueblecito medieval interesante, veo impresionantes plantaciones de perales a cobijo de unas estructuras en las que unos trabajadores subsaharianos estaban encaramados desplegando unas enormes mallas oscuras cuya utilidad desconozco. Llego a Boldú donde hay una bonita cruz de término y un peculiar campanario con el tejado verde. Lo fotografío justo en el momento en que emprende el vuelo una elegante cigüeña. La iglesia es románica y veo un par de casas palaciegas. Sigo mi camino hasta encontrarme con un conjunto de edificaciones muy singular, después de un tramo recto de carretera de acceso con viñas a ambos lados y cipreses que te dan la bienvenida. Al llegar me parece vislumbrar un castillo cuadrangular con cuatro torres en los vértices, de color blanco. Es el Castell del Remei. ¡Me gusta este lugar! Al otro lado veo una iglesia importante, también de color blanco; me dice una señora de allí que es un santuario dedicado a la *Mare de Déu del Remei* o sea a la Virgen del Remedio. Los hermanos franciscanos de la cruz blanca tienen aquí también una residencia para discapacitados. Y luego hay una vieja bodega y un restaurante con muy buena pinta. Justo al lado dos estanques con patos y ocas y en las orillas gallinas y conejos. Un sitio llano con muchos pinos, cipreses y eucaliptos, ideal para pasar el día con niños, eso fue lo que pensé.

Me acerco a Linyola y recorro un tramo junto a una acequia bordeado de plataneros, fresnos, chopos y arbustos que parecen saúcos. Desde Tárrega, no he encontrado a ningún otro peregrino, he caminado absolutamente solo.

Llego a Linyola, me dirijo a la iglesia y allí me encuentro a tres mujeres, a cual más agradable y servicial. Conozco al párroco que me sella la credencial. En la iglesia una de las mujeres se pone en contacto enseguida con el señor Josep Caba, el cual, me explica esta mujer, cede desinteresadamente un lugar para alojar a peregrinos desde hace años. Me dice que este señor me espera en su casa. Y yo pienso: ¡caray, que amabilidad! Y así fue; conocer a este hombre ha supuesto un enriquecimiento para mí y comprobar que hay gente que realmente está por los demás. Le di las gracias por su bienvenida, me selló la credencial en su propia casa y luego me acompañó al cobertizo donde debía pasar la noche. En el camino me explicó que él es diácono y tiene que atender a fieles e iglesias de varios pueblos y aldeas y que tiene ¡once hijos!

– ¿Cuántos?

– ¡Once! De ellos, cinco son naturales, tres adoptados, dos son refugiados y un “asociado”.

– Escuche, Sr. Caba, con esta familia ya tiene bastante diaconado que ejercer, ¿no le parece? – Se ríe con fuerza y sigue contándome anécdotas e historias que me entusiasman. Por ejemplo, que ha hecho tres veces el Camino a Santiago y una peregrinación, también a pie, a Roma, con un señor de 80 años, haciendo etapas de ¡50 kilómetros o más!

– Sr. Caba, ¿está Ud. seguro? ¡Yo he hecho etapas de 30 y he quedado más que servido! – Y entonces me explica que en la Edad Media la gente en general, y lógicamente también los peregrinos, solo podían desplazarse caminando, de manera que estaban muy acostumbrados a recorrer a pie largas distancias.

Por esa razón, me dice, se construían monasterios cada 50 kilómetros aproximadamente. – Compruébelo Ud. mismo – añade.

– ¡Qué curioso! ”Sí señor, lo haré”.

En fin, me enseña el cobertizo y me dice que allí duermen desde agosto hasta finales de septiembre los temporeros subsaharianos que él mismo contrata para recoger la fruta. No les cobra, como tampoco a los peregrinos, y así se ahorran ese gasto. Me hace ilusión dormir en este humilde lugar. Cinco camas sin sábanas, una mesa cuadrada con un boquete en el medio de un palmo de lado y una bombilla colgando en el centro. En el otro extremo hay una estufa de leña, una cocina, una nevera y un microondas. Todo viejo. No sé si alguno de estos aparatos funciona, pero si lo hacen pues podríamos decir que la instalación es humilde pero completa.

El cobertizo del Sr. Caba

Antes de despedirse, me indica un lugar donde cenar. Gracias, Sr. Caba, ¡estoy hambriento!

En el bar me ofrecen un plato de paella, ¡qué rica!, de segundo un suquet de sepia, me traen una botella de vino blanco para beber a discreción, todo muy bueno, y de postre flan con nata y café del bueno.

– ¿Cuánto es por favor?
– Diez euros
–¡Madre mía! ¿Cuánto me habría costado esto en Barcelona?

La noche fue divertida. Se levantó un viento que abría de par en par una de las ventanas del cobertizo. Intenté varias veces cerrarla, sin éxito. En fin, me cansé y a pesar del viento y los golpes de la ventana, me quedé dormido como un tronco.

Antes de la cena estuve en los oficios de la iglesia de Linyola y allí vi una reproducción a escala del impresionante retablo barroco que llegó a tener. Había en él cuatro grandes lienzos de Zurbarán, uno de Murillo y dos de Maíno. ¡Esto es una locura! No pude saber cómo fueron a parar allí. En un tablón se explicaba que se quemaron en nuestra dolorosa guerra civil junto a esculturas e imágenes de madera. ¡Nunca más una desgracia así, nunca más una guerra civil!

De Linyola a Balaguer hice el camino despacio, me apareció una ampolla en el talón derecho y al caminar descompensado también me apareció una probable tendinitis en el pie izquierdo. En este tramo encuentro canales por todas partes y muy extensos campos de cultivo de cereales. Los canales me atraen, son ríos artificiales, llevan agua donde no la hay, actúan como si fueran capilares que irrigan los tejidos que necesitan sangre. Es agradable caminar a su lado. Atravieso la segunda acequia principal del canal d´Urgell y después, por dos veces, el canal auxiliar y por fin el canal de Balaguer, una gran obra de ingeniería.

Balaguer me parece una ciudad atractiva, atravieso el río Segre por el puente de San Miguel y, llevado por la curiosidad, subo un alto sobre el que se perfila, esbelta, la iglesia-catedral de Santa María, con un campanario altísimo octogonal. Tuve suerte, pude entrar por una casualidad, y me quedé impresionado. Una iglesia gótica del siglo XIV de unas dimensiones asombrosas, me atrevo a decir que superiores a muchas catedrales titulares.

Estoy fatigado, pero antes de comer algo quiero acercarme a otra iglesia grande que está enfrente y que luego supe que es el santuario del Sant Crist. Tiene un pórtico románico en restauración. Pude saludar al Santo Cristo y le agradecí que los pies me vayan respondiendo bien. Bajé de nuevo a la ciudad y me dirigí a la céntrica plaza de Mercadal, entrando en C'al Pepito. Allí me atienden Gloria y Rosa Salvat, dos hermanas joviales que me acogen con mucha amabilidad y me regalan una conversación divertida y animosa. Una de las curiosidades que me comentan es que la plaza de Mercadal es la plaza porticada más grande de Catalunya. Me ofrecen un maravilloso bocata de tortilla de espinacas, unas aceitunas y un cortado. Y me piden que vuelva a Balaguer, a verlas, cuando acabe de escribir este libro. Y les respondo que sí, que lo haré encantado. Reconfortado, sigo hacia Castelló de Farfanya y Algerri que es mi fin de etapa, después de 31 kilómetros.

Nuevamente campos con amapolas y margaritas, caminos de gran belleza y kilómetros sin nadie, sin nada que rompa este silencio ansiolítico, estas vistas tan gratificantes. Se combina el cansancio, a veces el dolor, con el placer de caminar empujado por tu misma soledad por estos campos. Veo las ruinas del Castillo de Castelló de Farfanya, paso por la iglesia románica de Sant Miquel y llego a Algerri contento, con los pies mejorados.

– Señora, ¿dónde está el albergue? ¿podría indicármelo, por favor?
– Mire, ¿ve allí arriba el campanario de la iglesia? Pues al lado mismo verá el ayuntamiento y el casal y allí pregunte por Casimiro.
– Muy bien, gracias.

Casimiro, el alberguero, me recibe con gran amabilidad. Se ve que tenía ganas de hablar y antes que cualquier otra cosa, se entretuvo en detallarme el camino para mañana, con el ordenador y el Google Maps. Yo se lo agradecí, pero pedía a Dios para mis adentros que acabara de una vez, estaba reventado. Cuando parecía que la cosa se acababa, Casimiro me habló del que para él es quizás el personaje más ilustre del pueblo, Mosén Ramón Roca i Reig, un auténtico sabio en Escrituras antiguas y coptas, reconocido mundialmente, fallecido hace dos décadas. Después me comentó que la fachada barroca de la iglesia de Algerri es la más grande de Catalunya y me enseñó los huecos donde se hallaban las imágenes de San Bartolomé y la de San Blas, a uno y otro lado de la de la virgen María. Parece que durante la guerra civil pudieron tirar las imágenes de los dos santos patronos, pero no la de la virgen, que estaba esculpida en la misma roca de la fachada. Le pregunté si podía visitarse y me respondió que estaba cerrada, que la estaban restaurando por el peligro de derrumbamiento por las humedades, y por fin, me selló la credencial. Vino conmigo a enseñarme el albergue, que es un piso que tiene seis literas en una habitación y cuatro en otra.

– Pero si gasta Ud. agua, al abrir un grifo o la ducha, se dispara un ruido que sólo dura 15 minutos, no se preocupe.

Me hace una demostración y ¡Dios mío! es un ruido atronador, nadie podría dormir en estas condiciones. Menos mal que estoy solo. Y efectivamente, ¡tarda 15 minutos en desaparecer!

Salgo tempranito de Algerrí y al poco me encuentro con el canal de Alfarrás-Balaguer.

Después de unos pocos kilómetros atravieso un puente sobre el Noguera Ribagorzana e inmediatamente llego a Alfarrás, donde todo está cerrado, el ayuntamiento y la iglesia de Sant Pere. Y es que es Sábado santo. Me tomo una cerveza en una agradable terraza de este que es el último pueblo de Catalunya, antes de la frontera con Aragón. Al salir veo el canal de Pinyana y al poco rato aparece un acueducto que atraviesa la carretera, que es el canal de Aragón y Catalunya (así lo llaman los aragoneses) o de Catalunya y Aragón (como dicen los catalanes). El canal traza la frontera. Entro en Aragón, paso por la ermita abandonada de Sant Roc me topo con un chopo colosal que fotografío y con encinas enormes después, para llegar a Tamarit de Llitera, primer pueblo de la provincia de Huesca.

Después de varios intentos fallidos para averiguar el paradero del albergue, tuve la suerte de encontrar a un joven que resultó ser el hijo del alcalde. Un chaval muy simpático y servicial. Le dije que todo estaba cerrado, incluido el ayuntamiento, y que buscaba el albergue. Él, presto, me indicó que llamaría a su padre para que viniera a abrirme y enseñarme el albergue.

– ¡No, hombre, por favor! no llames a tu padre a estas horas de la siesta, y encima un sábado. ¡Ni se te ocurra, ya me espabilaré como sea: menudo cabreo cogería!.

– Sí, porque además tiene muy mala leche – me contestó con tono irónico.

¡Qué bueno el chaval! ¡Qué gracia me hizo!

Pero la realidad es que le llamó por el móvil y el alcalde quiso hablar conmigo para quedar frente al ayuntamiento, un bonito edificio de estilo aragonés. De tan agradable que me resultó el rato que estuvimos charlando hasta el albergue, me salió de mis adentros decirle que no me extrañaba nada que le hubieran elegido alcalde. Y así me enseñó el bonito y cuidado albergue, en el que de nuevo estuve solo, con duchas estupendas, literas limpias, cocina, baños para ella y para él, etc. Me selló la credencial, me dijo que Tamarit tiene unos 3500 habitantes (¡casi nada!), que merece conocerse la iglesia de Santa María la Mayor, de origen románico, y que para cenar me recomendaba "El criollo", que llevan dos hermanas rumanas, en la plaza de España.

Pues asistiendo a la Vigilia Pascual pude efectivamente conocer la iglesia con su cimborrio precioso y una torre descomunal. Para ser románica, su interior es enorme y muy bello.

En "El Criollo" me pusieron un completo con dos huevos fritos con patatas, tomate de huerta y dos pinchos de lomo de cerdo. Y para beber un par de chatos de Viñas del Vero. ¡Qué bien! Buena noche. Solo de nuevo, como en Linyola, como en Algerri; volví a dormir completamente solo.

Salgo contento por la mañana para afrontar la última etapa de la primera fase de mi camino: de Tamarit de Llitera a Monzón. Los pies, ahora son los dos, no están bien. La ampolla en el derecho y la tendinitis postural en el izquierdo, me fastidian. La ampolla me la he pinchado con el alfiler de una medalla de Santiago que llevo colgada en mi chaleco. Antes la he desinfectado con un poco de alcohol.

Camino de Monzón

Cruzo varias veces el canal de Catalunya y Aragón y emboco una pista que no sé adónde me lleva. Me he perdido, es un cruce de cuatro caminos y no sé por dónde seguir. No llevo GPS, no sé manejar bien mi móvil. Espero. ¡Menos mal!, por allí vienen unos ciclistas. Son de Binéfar y conocen bastante bien el territorio. Me indican la forma más corta de volver al camino, y ¡albricias!, después de un buen rato por un atajo, llego de nuevo a él. Vaya!, se pone a llover, no de forma intensa pero sí suficiente para que la tierra se vuelva fango. Es mucho más pesado e incómodo caminar así. La capelina, además, estorba en tus movimientos. ¡Mira!, faltan aún unos cuantos kilómetros y ya se ve allá al fondo, delante, el perfil de un imponente castillo que más tarde supe que era el de Monzón. Vamos allá, renqueando, bastante más despacio de lo habitual.

¡Qué lástima!, paso por una hilera de ocho o diez olmos cortados, supongo que por el parásito que vino de Europa central hace unos años. Se acabó, por fortuna, el camino de tierra enfangada y sigo por carretera asfaltada hasta Monzón. Es domingo de resurrección, pero tanto la iglesia como el ayuntamiento están cerrados, así es que me metí en un bar que también se llama "El criollo" y aquí tomé su menú: revuelto de trigueros con pimientos del piquillo y gambas, de segundo pechugas de pollo al roquefort con patata al horno y un par de pimientos y de postre melocotón en almíbar con nata. Y luego un café. No está mal la comidita del pobre peregrino. "Son dieciséis euros". Aquí tiene Ud.

Acabo y me voy hacia la estación de autobuses con destino a Barcelona.

SEGUNDO TRAMO: DE MONZÓN A HUESCA

Estamos en septiembre y dispongo de tres días. Vuelvo en autobús de nuevo a Monzón, que está en fiestas, con la idea de seguir hacia Berbegal. Fracasé otra vez en el intento de visitar la catedral, de nuevo cerrada, y el ayuntamiento, que tampoco estaba abierto. En fin, otra vez será.

Nada más salir de Monzón me encuentro con un puente en obras sobre el río Cinca. Lo atravesé, no sin dificultades, puesto que estaba habilitado con un solo carril, muy estrecho, para coches por el que iban y venían siguiendo las órdenes de un semáforo. Los coches pasaban muy ajustados y yo no tenía más remedio que encaramarme, cada vez que pasaba alguno, en un pequeño reborde de unas piezas de hormigón protectoras. Pero aun así pude admirar la belleza de este caudaloso y vigoroso río. Y lo fotografié.

Llego a Selgua sudoroso y sediento, hace un calor impropio de este tiempo. El primer bar está cerrado, pero veo una residencia con restaurante al fondo. Me acerco, está cerrado también. Llamo al timbre. Aquí no hay nadie. Doy una vuelta por detrás y veo en el patio a una niña jugando.

– ¡Niña! ¿está cerrado el restaurante?
– Sí, está cerrado.
– ¿Sabes dónde puedo encontrar algún bar para poder beber algo?
– No hay más bares en el pueblo, pero espere un momento.

La mamá de la niña salió con una botella empañada por el frescor.

– Mire, el señor del bar está de vacaciones y nosotros estamos cerrados hasta el sábado, pero tenga esta botella, que usted es un peregrino.
– Señora, muchas gracias, ¿cuánto le debo?
– Nada, y siento no poder atenderle mejor.
– ¡Caramba! muchas gracias y muchas gracias también a ti, niña bonita.

Y me la bebí de un trago.

En Selgua me perdí el interior de la iglesia y la ermita de San Salvador, donde se halla el sarcófago del hijo bastardo de Jaume I, Ferrán.
Desde un tramo de la carretera a Berbegal en subida, hay una vista fantástica del valle del Cinca y al fondo el castillo de Monzón, aparente guardián de este precioso jardín.

Y llego a Ilche. ¡Qué nombre tan curioso! Se parece a Elche, pero este tiene menos de 50 habitantes. Tampoco aquí hay ningún bar abierto, pero ¡eureka!, tenemos una fuente junto a la iglesia. Lleno mi estómago de agua y también mi cantimplora. Hasta aquí no me crucé con nadie en el pueblo, pero al salir de él por el otro extremo, dos señores sentados a la sombra, que me miran esperando a que me acerque, se apresuran a indicarme "Va usted bien, yendo tranquilo está usted en dos horas en Berbegal".

Muy amables, buenas tardes.

Sigo mi camino solo, siempre solo. Kilómetros y kilómetros de absoluta soledad. Desde mi salida de Monzón no me he cruzado con nadie. El campo está vacío. Sembrado en buena parte, pero vacío.

¡Vaya, la ermita de Santa Águeda! Es románica, del siglo XII. Se ve restaurada y muy cerca de ella hay unos enormes pedruscos. No sé si han sido esculpidos por el hombre, pero son enormes.

Veo a Berbegal que está en un altozano. Atravieso el canal de Terreu y en un par de kilómetros me planto en el pueblo. La subida final se las trae, no es moco de pavo. Pregunto por el albergue, me dan un teléfono y la señora que se ocupa me indica la forma de entrar en él. Está bien, tiene ducha, cocina y unas cuantas literas en varias habitaciones. Todas para mí, no hay nadie más aquí. Me ducho y miro extasiado desde la cocina la maravillosa vista. Al fondo aún puede vislumbrarse el valle del Cinca y la silueta del castillo de Monzón. ¡Pero están a 20 kilómetros!

Me paseo por este bonito pueblo. La iglesia es curiosa. Románica, pero como hecha a pedazos, como si hubiesen ido añadiendo partes para hacerla mayor. Se llama de Santa Maria la Blanca. En la misma plaza, al fondo hay un bonito edificio aragonés: el ayuntamiento. Y en el centro el bar "El Meridiano", donde me meto. En él me explican que por este pueblo pasa el meridiano de Greenwich. ¡Qué bueno!

En "El Meridiano" me pasé un buen rato. Hablé y chateé con la familia y los amigos. Tomé unas aceitunas negras de Aragón y un "shandy" y después la mujer de allí, amable, me ofreció cenar.

– Sí, encantado.

– ¿Le pongo un completo?

Pues muy bien. El completo consistió en dos huevos fritos, tres enormes trozos de lomo, pimientos asados, patatas fritas, vino de Somontano (que es donde estamos) a demanda y de postre un arroz con leche y un cortado descafeinado. "Son 15 euros". Tuve que dejarle una buena propina, claro.

Ha llovido un poco esta noche. Salgo hacia Pueyo de Fañanás por el lado norte de Berbegal y, todavía en el pueblo, me topo con un mirador, el "Muro de Rella", que ofrece una vista panorámica excepcional del Somontano. ¡Qué belleza de paisaje! Bajo el turó y al poco aparece un indicador señalando la "Senda del Meridiano", pero yo debo seguir hacia La Cuadrada, adonde llego tras unos cuantos kilómetros sin un solo árbol, y un buen tramo de camino, qué curioso, es de hierba en lugar de tierra, rodeado de campos ocres interminables de cereales. Tampoco he visto a un solo humano. Miro al cielo y veo maravillado como se agrupan hasta nueve águilas preciosas. No había visto tantas juntas jamás. En La Cuadrada, que es como una aldea, hay un rincón magnífico para el descanso del peregrino: un cobertizo angular con una buena techumbre, unas mesas con banquetas de madera alargadas donde poder comer y en el centro una fuente de agua que es un regalo de Dios, porque sigue haciendo calor. Pasan unos señores jóvenes agricultores y pregunto a uno de ellos por las águilas y luego le pido una foto.

– Sí, yo cuando remuevo la tierra con el tractor y salen pequeños ratones o topos u otros animalillos, se me ponen arriba quince o veinte águilas, esperando el banquete. – Y me hizo la foto.

De La Cuadrada a Pertusa se pasa junto al canal de Pertusa durante un par de kilómetros, y al acercarte al pueblo destaca por encima de todo su torre campanario. Llegué allí al mediodía, con hambre, pero el único bar abierto no tenía nada sólido para comer, así es que me tuve que conformar con una bolsa de cacahuetes, otra de patatas chips y un pastelillo de esos que venden envasados en plástico. El señor Cecilio, propietario del bar, que sufre una minusvalía, me comenta que la torre campanario que nos cae justo delante tiene treinta y seis metros de altura y otros tantos de perímetro y que es monumento nacional. ¡Caramba! El señor Cecilio me informa de que dos mujeres han pasado esta mañana por el bar camino de Pueyo, como yo. ¡Vaya, muy bien!

– A ver si las coje usted, una de ellas tenía una ampolla en el pie y cojeaba al caminar.
– Ya sé lo que es eso, Cecilio. Me voy. "Buen camino". Muchas gracias.

Pertusa, con la Torre-campanario, monumento nacional, según Cecilio

Nada más salir de Pertusa has de atravesar el río Alcanadre por el "puente viejo" y a la izquierda se ve un camino que lleva, según reza un indicador, a la ermita de la Virgen de la Victoria, que es visible

desde aquí.
Sigo hacia Antillón por donde paso muy acalorado hacia las tres de la tarde con un calor sofocante. Todo está cerrado. Parece un bonito pueblo, pero llevo retraso y continúo hacia adelante. Veo viñas en el camino. Creo que esta tierra pertenece ya a la "Hoya de Huesca" pero está tocando aún al Somontano, así es que supongo que el vino que sale de aquí tendrá esta denominación. Me despisto y acabo en Blecua, lo que me supone unos pocos kilómetros de más. No pasa nada, tengo la tarde para llegar. En una hora entraba en Pueyo de Fañanás, después de ver muchas encinas repletas de bellotas, y al final, en la carretera, almendros y olivos.

Como había avisado por teléfono con antelación, me esperaba Maruja, la señora encargada del albergue, muy hospitalaria y amable, sentada en un banco de la plaza donde se encuentran la iglesia y el albergue. El albergue está en un primer piso y la planta baja es el local social del pequeño pueblo. Allí me ofreció una cerveza que me supo a gloria. Me comentó que el pueblo no tenía bar, pero que ella podría prepararme algo de cena. ¡Qué bien, señora Maruja! "

– Mire, hoy he preparado para la familia unas judías con patatas y después si le apetece tengo carne que puedo hacerle con pimientos y unos trozos de tomate.
– Adelante, Maruja y ¡muchas gracias!
– Si le parece, se lo traigo de casa a las ocho y media.
– Sí, estupendo, a las ocho y media bajo.

Mientras tanto arriba, en el albergue, pude saludar a un señor peregrino, Miguel, pero que iba en dirección contraria, es decir de regreso a Barcelona y a dos hermanas que, éstas sí, tenían el propósito de llegar a Santiago: eran las dos mujeres que pasaron por el bar de

Cecilio en Pertusa. Dejo mis cosas en la habitación que compartí con Miguel y bajé un momento a conocer la iglesia, que estaba abierta. Está dedicada a San Pedro, mártir de Verona, me dicen dos mujeres que estaban allí limpiando. "La patrona es Santa Teresa de Ávila". Me llamó la atención el mártir de Verona.

Antes de bajar de nuevo, pude hablar con las hermanas y con Miguel en una acogedora sala de estar del albergue. Ellas se llaman Auro y Antonia.

– ¿Por qué estáis haciendo el Camino?
Auro toma la palabra: – para encontrarme a mí misma, y de momento creo que lo puedo conseguir.

Las dos hermanas se dedican a explicar que tiempo atrás hicieron el recorrido desde Sarria a Santiago, pero sin mochilas y sin albergues.

– No nos llenó, fue demasiado fácil, algo descafeinado, fue como una excursión. – Y siguen: – Ahora llevamos encima las mochilas, hemos salido de nuestro pueblo, Alfarrás, y estamos valorando lo positivo que es el esfuerzo por superar las dificultades que nos vamos encontrando. Por ejemplo, antes de llegar a Monzón nos perdimos, tuvimos que hacer marcha atrás y fue muy duro. Hace nada, por razones de excesivo peso en la mochila, nos deshicimos de ropa. Tuve que prescindir de un chaleco al que tenía un especial cariño, pero he aprendido que puedo prescindir de cosas materiales sin que pase nada y he pensado que quizás he hecho un favor a quien se lo haya encontrado.
– ¿Sois creyentes?
– Sí, lo somos, a nuestra manera – dice Auro – Yo, por ejemplo, creo en las auras, en la energía magnética que hace vibrar tanto a las personas y animales como a las plantas e incluso a los minerales. En

el Camino quiero buscar, y creo que la estoy encontrando, la esencia mística de mi persona. No confío en los administradores eclesiásticos porque deforman la realidad mística y hacen que se pierda la fe. Yo, por ejemplo creo en la Eucaristía, pero no en la Confesión.

A la salida de Pueyo, en la margen izquierda de la carretera hay unos pocos nogales preciosos con abundantes frutos verdes carnosos que llevarán dentro, supongo, la correspondiente nuez. Unos pocos kilómetros adelante te desvías a la izquierda hacia la aldea de Ola, un nombre bien curioso. Un perro de mal humor me hace una acogida no muy amistosa. A la salida hay una cruz de piedra y en su base me encuentro sentadas y almorzando a las hermanas Aurora y Antonia. ¡Vaya, sí que han madrugado! y a tenor del camino recorrido parece que lo de las ampollas del pie ha mejorado, porque ¡han avanzado rápido!

– Pues sí, la verdad es que estoy mejor, después de la intervención en Pertusa – dice Antonia.

Seguimos juntos hacia Tierz y poco antes de llegar, Aurora le enseña a su hermana una flor de azafrán clavada en el suelo. ¡Qué bonita! Sus pétalos son lilas, delgados y se van aclarando a medida que se acercan al estilo hasta hacerse blancos. Luego vimos varias más. Me hizo ilusión: no había visto nunca la flor natural de azafrán! Poco más adelante aparece un edificio redondo en forma de "*panettone*",que debe tener muchísimos años por el desgaste de las piedras que lo conforman. Una foto, gracias Aurora. Cerca hay un cartel que explica que el camino por el que vamos es el "Camí Reial" por donde Doña Petronila y su séquito pasaron en dirección a Lleida, ciudad en la que se celebró su boda con Ramón Berenguer IV.

Panettone junto al Camí Reial de Doña Petronila (Huesca)

Salimos de Tierz y cruzamos el río Flumen. Yo cogí un sendero a la izquierda y las hermanas se fueron hacia la derecha; tenían otra hermana en Huesca y querían darle una sorpresa. El tramo de bosque fluvial que recorrí es espeso, con rica vegetación pero me impresionó sobremanera un enorme álamo blanco, asombroso en altura y diámetro, clavado literalmente en el borde del puentecillo de cemento que crucé.

Ya estoy en Huesca. Llego a la Catedral a las 13:15 horas. Había recién acabado la misa dominical. Me esperé un ratito en la sacristía y al poco el rector me sella la credencial. Después, un joven monaguillo de color me permite, unos minutos antes de cerrar el templo, admirar el extraordinario retablo en alabastro de Damián Forment, del siglo XV, el majestuoso órgano y la impresionante iglesia gótica dedicada a Santa María. El monaguillo me recomienda un restaurante sencillo, próximo. Tomo el menú, cargo mi mochila y me dirijo a la estación de autobuses para regresar a Barcelona.

TERCER TRAMO: DE HUESCA A SANTA CILIA DE JACA

Es 23 de septiembre, víspera de la Merced. Tomo el bus en la estación de Sants y en tres horas y media me planto en Huesca. En el trayecto conecté telefónicamente con Galindo, el hospitalero del albergue de la capital, y ¡primera sorpresa! Me dice que con motivo de la pandemia de Coronavirus, no solo el suyo, sino todos los albergues que yo había previsto utilizar, esto es, los de Bolea, Sarsamarcuello, Ena y Santa Cilia de Jaca, estaban cerrados. Bueno, y ahora ¿qué hago? ¿regreso de nuevo a Barcelona?
Pasaré la noche aquí y mañana Dios dirá. Dormí en el hostal Rugaca, su dueño amable, intentó convencerme para continuar mi camino, insistiendo en que alguna casa rural u hostal encontraría en el recorrido. Y entonces pensé en aquello de que en el Camino hay que ir afrontando los inconvenientes a medida que aparecen.

Salí por la noche a tomar una tapa y vi, en la animada y cuadrada plaza de López Allue, que allí estaba la oficina de turismo, así es que pensé que la mañana siguiente podía acercarme a preguntar. A tiro de piedra vi, iluminada, una iglesia románica con una entrada de arco de medio punto con tres arquivoltas, y una torre-campanario hexagonal muy alta, que me llamó la atención.

En la mañana del 24 estaba puntual a las 9h en la oficina de turismo. Allí también hicieron lo posible por animarme a continuar, facilitándome direcciones y teléfonos de posibles casas rurales y hostales aunque ninguno se ubicara en mis primeros pueblos previstos. De nuevo pensé: el camino hay que afrontarlo como viene. ¡Bienvenida sea la aventura! Así es que decidí seguir.

Entré, antes de salir hacia Bolea, en la iglesia de San Pedro el Viejo, la que vi anoche, y disfruté sobre todo con el cimborrio y el claustro y la imagen de la Virgen de las Nieves y a continuación emprendí el camino hacia Chimillas. Poco antes de llegar me topo con un remanso de agua bien bonito: es la Alberca de Cortés, un estanque amplio, con árboles clavados y sumergidos por sus pies. En el bar ¨La Alberca¨, el único del pueblo, me sirven un buen trozo de tortilla de patatas con pan con tomate y una cerveza y me preparan un bocadillo, interminable, de jamón y queso, por si acaso, para el camino. Sigo hacia Bolea sabiendo que tengo 9 kilómetros y medio por delante sin pueblo alguno que encontrarme. Hay tramos preciosos, muy llanos, con bosque de carrascas, boj, lentiscos, espinos y moras, sobre todo carrascas que forman túneles naturales por donde da gusto avanzar. Salgo a un espacio diáfano espectacular con un bellísimo perfil de montañas al fondo. La panorámica es amplísima, pero no hay nadie: no veo moverse nada ni a nadie. Silencio y soledad: esto es belleza y lo que busco en el camino: recogimiento.

Acercándome a Bolea, después de ocho kilómetros me parece ver multitud de aves en un campo, en tierra, como descansando, sin que ninguna emprendiera el vuelo. Me acerco y ¡sorpresa! ¡son cigüeñas! Hice una foto y en ella pude contar casi un centenar. No había visto nunca tantas juntas, jamás. Sigo para encontrarme con una iglesia románica en ruinas, que parece por su altura que tuviera que ser importante. Estas ruinas tienen también su encanto, al menos para mí. Te permiten ver como construían los maestros de obras entonces y también te invitan a imaginar cuántas vivencias habrán visto esas paredes. Ahora veo ya el perfil de Bolea, sobre un montículo. Al iniciar la subida hacia el pueblo me encuentro el camino cerrado por un grueso cordel y oigo mugidos muy fuertes que creo proceden de una enorme granja que tengo a mi derecha. Se acercan al cordel dos campesinos que me miran sonriendo.

Les pregunto: – ¿prohibido el paso, verdad? – En ese momento entran en tropel en el camino un montón de vacas y toros de cuernos afiladísimos unas y otros, que ocupan literalmente todo el espacio y se ponen a pastar en las paredes del camino que, en ese tramo, son muy elevadas (el camino está hendido) y están llenas de vegetación.

– No, no está prohibido, si quiere Vd. pasar, hágalo y no le harán nada. Y menos con ese bordón que lleva.
– ¿Seguro?
– ¡Seguro!

Y me suben el cordel y me meto allí con esas bestias cornudas achuchándome literalmente por delante y por detrás, sin escapatoria posible, avanzando como podía, de perfil, mientras rezaba al santo de los toreros. Cuando creí que el vía crucis se acababa, al avistar el otro extremo del coto acordonado, me sale de detrás de un árbol un "miura", que casi me descompone. Estuve a punto, menos mal que no lo hice, de saltar la cuerda al estilo *Fosbury* y largarme por piernas de allí.

En Bolea me espera un señor con las llaves de Casa Rufino. Los propietarios están de vacaciones pero han tenido el gesto generoso de permitirme pasar la noche en una habitación de su casa rural, cuando así se lo pedí ayer por teléfono. Por cierto, muy limpia, moderna, acogedora y económica. ¡Estupenda, esta casa Rufino!

Salgo de Bolea sin poder desayunar, pero contento. Me dirijo a Aniés, con la esperanza de tomar algo en el bar. En mitad de camino se pone a lloviznar, me basta con la casaca impermeable. Los árboles de por aquí son sobre todo encinas y carrascas, también abundan los pinos, chopos y álamos, de vez en cuando algún nogal y algún abedul. Se va la lluvia y aparece un claro soleado con campos ocres de cereales rodeados del verde de arbustos y árboles. ¡Que belleza!

Al llegar a Aniés la lluvia arrecia y el viento también. No encuentro el bar por ninguna parte y debo colocarme la capelina, de lo contrario me voy a empapar. Veo en una plazoleta un parque infantil, aquí hay una caseta bajo un árbol que me protegerá parcialmente, me la intento colocar aquí pero me hago un gran lío. Después de un buen rato de pelearme con ella oigo la voz de una mujer que me llama desde una ventana:

– ¿Puedo ayudarle?
– Muchas gracias, pues sí, por favor.
– Venga a la puerta, que le abriré.

La mujer me hace entrar en un amplio portal de su casa de campo y me conduce a la cocina donde me explica riendo los equilibrios que estaba yo haciendo para colocarme la dichosa capelina. Me ofreció un café con leche y unas maravillosas magdalenas que paliaron la sensación de vacío que tenía en mi estómago. Me confirmó que el bar del pueblo estaba cerrado por el coronavirus. Esta mujer se llama María José y le dije de corazón que acababa de dar posada al peregrino, que era yo, y que había hecho una obra de misericordia conmigo, pues tal y como estaba el panorama podía haber cogido una buena pulmonía. Me ayudó y enseñó a ponerme la capelina y seguí adelante pensando en lo gratificante que es conocer buena gente. ¡Ay, si todos fuéramos así!

Continúo hacia Santa Engracia de Loarre a la búsqueda de la Casa Lerín, una casa de turismo rural que me facilitaron también los buenos de Turismo de Huesca. Vuelvo a atravesar sendas rodeadas de árboles y arbustos, con la lluvia reverdecidos. En el trayecto un pequeño pero precioso puentecillo medieval de gastadas pero sabiamente dispuestas piedras. Ya en Loarre, paro en Casa Javier, junto al Ayuntamiento. Pedí tres croquetas (aquí son muy grandes), una de jamón, otra de cocido y la tercera de boletus. A cual mejor. Me añadieron un pan con tomate. Una caña para las croquetas y dos cafés con leche de postre.

– ¿Cuánto le debo?
– Son nueve euros con ochenta céntimos.
– Pues aquí los tiene, con su propina.

El señor del bar me dijo que en la panadería del pueblo (que se llama Chisclay) podían ponerme la credencial. Y así lo hice. Y además le compré al hornero una torta típica de Loarre riquísima, redonda y delgada con crema muy suave en su parte central. Salgo hacia Santa Engracia chispeando de nuevo. Tengo el chubasquero, menos mal. Llego a una cruz de término muy bonita, que fotografío con mi bastón apoyado en ella y que anuncia la llegada de Santa Engracia. Cuando localizo la Casa Lerín se pone a llover a cántaros otra vez, ¡y está cerrada! Por suerte hay aquí mismo una bóveda que da acceso a la puerta de la iglesia, donde me refugio, e intento ponerme en contacto con la patrona. Tengo que hacer malabarismos con mi móvil para conseguir que su padre me venga a abrir la casa ,pues ella estaba ejerciendo de guía en el Castillo de Loarre. Desde un balcón de mi bóveda-refugio hay una vista fantástica y pude apreciar el famoso castillo románico, que creo que es uno de los de la orden templaria mejor conservados y el más antiguo de Europa, según me dijeron después. Estoy convencido de que merecería la pena volver a Loarre con tiempo para visitarlo.

La Casa Lerín está en una plazoleta con fuente muy bonita. En su precioso y amplio salón planifiqué mi siguiente etapa, la que pasará por San Juan de la Peña, una de las grandes ilusiones de mi aventura. Viendo por el ventanal caer la lluvia, me dio por imaginar cómo sería el Camino para un peregrino de la Edad Media. Seguramente una experiencia penitencial, durísima en determinados momentos y que podría prolongarse por muchos meses, teniendo en cuenta que a continuación debían volver y considerando la alta probabilidad de que se perdieran en el intento, como yo mismo me he perdido en alguna ocasión a pesar de la buena señalización que nosotros disfrutamos-ellos no- con las familiares flechas amarillas. Pienso en el calzado. Yo llevo unas magníficas botas impermeables, ajustadas. Aun así, me duelen los pies después de pocas horas caminando y debo vigilar el rozamiento para evitar la aparición de ampollas. A menudo tropiezas con piedras, se te amoratan las uñas y te duelen y entonces te cuidas con remedios que antes no existían. Pienso también en la comida. Yo sé dónde podré encontrar un bar (aunque llevo varios pueblos donde las guías dicen sí pero luego es no) y antes o después podrás tomar algo donde sea, un bar o un mesón o un hostal. Pero ellos, ¿qué hacían?¿comían lo que encontraban por el camino? Yo en este tramo encontré una higuera con higos ya un tanto pasados-me comí un par- y después una hilera de almendros con sus frutos caídos en el camino y me tomé unas cuantas. Pero con eso no comes; ¿cazaban quizás? ¿se limitaban a comer lo que les daban en los monasterios? Y cuando llovía, ¿cómo lo hacían? Se empapaban la ropa, y luego ¿qué? Si no llevaban mudas, imagino que más de uno pillaría una pulmonía o algo parecido, o morirían de inanición o de un tifus al beber aguas indebidas, o de cualquier infección. Por eso pienso que para algunos el camino pudo ser su última aventura en la vida, en su intento de abrazar al apóstol.

Salgo de Santa Engracia a las ocho, me despisto un par de veces y llego a Sarsamarcuello en 55 minutos. No tenía previsto que fuera tanto, la verdad. Deberé sumar este tiempo al ya largo recorrido que me espera hasta Santa Cruz de la Serós. En el tramo abundan el boj, la carrasca, los enebros y los pinos. Las vistas son preciosas, hoy que ha amanecido un día claro y soleado. Hice una foto con el pueblo arriba y me quedó muy bien. Desde allí inicié un auténtico subidón, casi de escalada para tomar el camino hacia la iglesia, el castillo de Marcuello y la ermita de San Miguel, un conjunto medieval del siglo XII sorprendente en pleno camino natural de la Hoya de Huesca. ¡Y estamos a más de mil metros de altura!

Ermita de San Miguel y castillo de Marcuello

Sigo adelante y veo a lo lejos un cañón espectacular, una garganta impresionante por cuyo hueco vuelan majestuosas 8 o 10 águilas, o quizás sean buitres. Hace frío, pero me va bien. Son caminos con arbustos a uno y otro lado deliciosos, y ahora me aparece un desfiladero tajante, imponente, delante de mis ojos al final del cual se ven unas casitas que deberían corresponder a la Estación de Santa María y La Peña. El camino hasta allí es de una belleza insólita. Me paro a leer junto a una de ellas, un cartel explicativo de lo que eran las "pardinas". Antiguas cabañas-pajares y parideras también destinadas al cobijo del ganado, con su cubierta de tejas a dos aguas, pero que con el tiempo fueron convirtiéndose en casonas rurales habitadas por las familias campesinas del lugar. ¡Buenos días! me lanza un ciclista que pasa en ese momento veloz por detrás ¡Buenos días!, le respondo. Parece un cartero o un mensajero pues lleva una bicicleta muy bien pertrechada, con cartucheras o zurrones detrás y delante. En pocos segundos le vi desaparecer. Continúo adelante por el camino que, entre impresionantes paredes y cortados acantilados me conduce a Estación de Santa María y la Peña. Madre mía ¡qué vistas! Desde un altozano veo aquí debajo el río Gállego y a la izquierda un embalse bellísimo que inunda árboles y arbustos y matorrales y un bonito puente ferroviario de color verde. Al bajar del mirador, me pierdo. No acierto a ver la flecha amarilla y me voy a lo largo de la vía del tren en la dirección equivocada un kilómetro a la deriva; vuelta atrás, paciencia y aquí está por fin la Estación.

– Perdone, señor, ¿podría indicarme el camino hacia Ena?
– Sí, coja esta carretera en dirección a Santa María de la Peña y antes de llegar verá una desviación a la derecha, donde empieza un camino-senda que tira ya fuerte hacia arriba. Usted siga para adelante sin miedo porque le esperan como 8 o 10 kilómetros de campo a

través, sin nada más que bosque en medio.
– Bueno, pues muchas gracias, vamos a por él.

Y sí, realmente el recorrido es espectacular, avanzo por sendas boscosas en las que toda clase de pinos y abetos se mezclan creando túneles con sus ramas como arquivoltas, y de repente un bosque de maravillosas hayas recayendo sobre un riachuelo de aguas transparentes y suaves murmullos...ya llega el otoño y algunas hojas empiezan o tostar sus colores...¡qué belleza!

Presto atención porque es muy fácil despistarse por aquí, son muchos kilómetros sin referencias urbanas. Y muy escasas flechas amarillas.

Y llego a Ena y me paro a la entrada donde hay una fuente con techumbre, para resguardarme de la llovizna. Tengo sed y la fuente mana un chorrillo escuálido de agua, que apenas se separa de la pared, así es que utilizo por primera vez mi vieira, que llevo colgada del cuello desde que salí. Ahora me ha resultado útil, me ha servido de cazo y de vaso. Tomo algo de chocolate y lo que me sobraba de la torta de Loarre y entro en Ena, un pueblo con casas de piedra y chimeneas típicas grandes, cilíndricas y rematadas con un disco y un pináculo a modo de boina. La plaza de la iglesia, en cuya bancada me siento un rato a descansar, es realmente bonita. Adiós, Ena, sigo hacia Botaya, adonde llego ya bastante fatigado. Me paro un momento en este pueblo tan cuco, todo él de piedra y bebo de nuevo en su fuente, esta vez sin necesidad de vieira. Hago un cálculo y concluyo que debo llevar a mis espaldas hoy cerca de 37 kilómetros. No está mal. Pero me animo pensando que los monasterios de San Juan de la Peña ya están mucho más cerca, quizás a unos 4 kilómetros ¡Qué ilusión! ¡¡¡Vamos, adelante!!!

Sí, en la carretera asfaltada me indican la dirección hacia ellos. El primer tramo, de unos 800 metros, es por la carretera, con una ascensión suave que agradezco, porque empieza a hacer mella el cansancio, pero se acabó pronto lo bueno; en una curva veo la familiar flecha amarilla que me señala un camino forestal con un sendero empinado y el cartelito indicador del monasterio. Allá que voy y ¡madre del amor hermoso! ¡Vaya subida! Y ahora se pone a llover y la luz que escasea. En condiciones normales, qué agradable debe ser hacer este precioso camino boscoso.

Todas mis cábalas giraban en torno a que no me podía quedar mucha ascensión por delante, pero ¡me equivoqué! La subida, cada vez más pronunciada, con giros y curvas cerradísimos, con escalones de piedra muy altos y resbaladizos, sin apenas luz por el mal tiempo, hace viento y llueve un poco. La verdad es que se me está haciendo muy largo y empieza a preocuparme que, con mi debilidad, pueda resbalarme o perder la estabilidad y caer. Pensé entonces que ese era un buen momento para rezar. Y también para recordar a los miles de peregrinos que lo habrán pasado peor. Y agradecer que, aunque fatigado, pueda subir sin graves impedimentos hacia uno de los lugares que son referentes en mi Camino; los monasterios de San Juan de la Peña. De hecho, desde un principio yo quise coger este ramal, pudiendo haberme decidido por el de Lleida y Zaragoza, casi 100 kilómetros más corto.

Por fin el sendero se ensancha, la pendiente se suaviza, vuelvo a disfrutar de la belleza del entorno, hay muchos arces y aunque llueva a cántaros me emociono al ver al fondo el colosal y elegante perfil del monasterio nuevo de San Juan. Es una explanada inmensa, rodeada de árboles hermosos, no hay casi nadie aquí, salvo algún que otro visitante que ha subido en coche. ¡Vaya! otra buena samaritana me grita a mis espaldas si deseo que me ponga bien la capelina. Pues claro que sí, ¡muchas gracias! "Ya ve usted que no tengo ninguna traza para estas cosas, aunque otra buena mujer, ayer mismo me enseñó como debía hacerlo. Con las prisas de la lluvia que arreciaba no me detuve en colocar con mucho esmero el impermeable, la verdad". Y efectivamente lo hice nuevamente mal. Otros visitantes me ofrecieron bajarme en coche hasta Santa Cruz de la Serós, pero les di las gracias y les dije que no, porque quería llegar a pie al monasterio viejo, allá donde con Montse, mi esposa, en un viaje que recuerdo con tanta nostalgia, no pudimos entrar.

Mis pies y sobre todo mi pierna derecha, después de un tropezón, se quejan pero seguí cuesta abajo hasta el monasterio viejo. ¡¡Allá lo veo, sí!! En esa enorme roca inclinada veo encastada la puerta románica al fondo de la carretera que abrazan creo que son fresnos y arces de hojas verdes que van llorando gotas de lluvia.

Monasterios (viejo y nuevo) de San Juan de la Peña

Mira por dónde cuando empujo la puerta, compruebo que está abierta y dentro un grupo de turistas atienden las explicaciones de una guía que, al verme, supongo que en un estado no muy lucido, me invitó amablemente a acompañarles, lo que hice encantado aunque muy cansado. Así pude contemplar la iglesia y el magnífico claustro con sus sensacionales capiteles y la capilla gótica flamígera que hay en él, así como los panteones de nobles y el real. A la salida, un empleado me sella la credencial, lo que me hace feliz. Me hacía especial ilusión esa credencial.

Y ahora ¡venga!, unos pocos kilómetros más cuesta abajo y a descansar en Santa Cruz de la Serós. Y allí llegué, exhausto y dolorido, a un hostal la mar de bonito que se llama Hostelería Santa Cruz. Según mis cálculos, había hecho ese día casi 45 kilómetros.

¡Anda! ¡Pero si esta bicicleta que hay aquí aparcada es la del individuo que me saludó en la "pardina"! En fin, tomo mi habitación y bajo a cenar.

– Hombre, ¿usted no es el señor que iba en bicicleta esta mañana camino de Estación?
– Pues sí, era yo.
–¿Podemos cenar juntos?
–¡Pues claro!
– Oye, ¿sabes que me ha sorprendido lo rápido que ibas? Yo creía que eras un cartero, con esas cartucheras que llevas.
– Pues no, mira, estoy intentando hacer el Camino y esta bicicleta tiene un motor eléctrico que me ayuda mucho a ir más deprisa, sobre todo en las subidas. ¡Es fantástica!
– ¿Entonces, estás haciendo el Camino? Qué bien, ¿no? Por cierto, ¿cómo te llamas?
– Me llamo Vicens, ¿y tú?
– Yo soy José Luis. Y habrás visto que yo también soy peregrino.
– ¿Qué quieren para cenar? – pregunta la camarera.
– Para mí unos spaghetti a la boloñesa, pollo a la chilindrón y de postre arroz con leche. ¡Ah!,¿tú bebes vino?

– Pues sí.
– Entonces tráiganos una copa de Somontano a cada uno, por favor.
– ¿De dónde eres? "soy de Cervera, pero trabajo en Agramunt.

Vaya, Agramunt, el pueblo natal del pintor Guinovart, uno de mis contemporáneos preferidos, a quien llegué a conocer por casualidad, en persona, en la antigua tienda de pinturas Guardiola de la calle Valencia de Barcelona.

Me gusta cómo me habla Vicens con admiración de su Jefe, de 88 años, fabricante de bolsas de todo tipo, que sigue día a día al pie del cañón "controlando los detalles de su empresa y preocupándose personalmente de sus empleados".

– Sí, eso está muy bien. Y estas empresas son las que suelen funcionar.
– El jefe me ha dado diez días de permiso para intentar hacer los 1000 kilómetros hasta Santiago, o sea que debo hacer unos 100 al día". ¡Pues no está mal!

– Camarera, tráiganos por favor otra copa de Somontano.
– Mira, ¿puedo preguntarte por qué quieres hacer el Camino? Es que ése es uno de los objetivos del libro que quiero escribir cuando yo lo acabe.
– Si te parece, déjame que lo piense esta noche y mañana en el desayuno te contesto.
– Sí, sí, naturalmente.

Nos quedamos un buen rato charlando de nuestras vidas, hasta acabar la tercera copa.

– ¡Hasta mañana a las 8!
– Hasta mañana.

– Para mí un café con leche, con magdalenas y una tostada con mantequilla y mermelada, por favor.
– Lo mismo para mí.
– ¿Listo para salir?
– Sí, mira, hoy quiero llegar a Sangüesa, está a unos 70 kilómetros.
– Muy bien. ¿Has pensado en mi pregunta?
– Sí, y creo que la respuesta es reto.
– ¿Pero qué tipo de reto?
– Pues un reto múltiple: por un lado el puramente personal y aventurero: lograr hacer la distancia en 10 días; después el deportivo, por lo que supone de esfuerzo físico y entrenamiento para un deportista como yo; también es un reto de ruptura con la rutina: la rutina familiar –estoy casado y tengo dos hijos– pero yo quiero ir solo estos días, me irá bien, y por último hay un reto más inmaterial, yo no soy muy religioso, aunque sí católico, pero tengo curiosidad por conocer algo más del aspecto religioso de este Camino. El párroco del pueblo se portó muy bien, me hizo con una cartulina una credencial con cuadrículas y me animó. Y eso me gustó.
– ¡Buen Camino, Vicens! Dame tu correo.
– ¡Buen Camino, José Luis! ¿Hasta la vista!

La mañana es espléndida y soleada. Salgo al balcón de mi habitación y la vista me conmueve: ha nevado en las montañas que veo hacia el norte y, delante mismo contemplo el imponente exterior de la iglesia de Santa María. Románica lombarda, de magnífico porte, muy alta y espaciosa, con una esbelta torre-campanario, con ventanas, de pórtico labrado y espectacular frontisa, capiteles de las columnas interiores muy bien labrados y conservados. Conseguí entrar, la iglesia estaba abierta por algún acto litúrgico. Valió la pena.
Perteneció a un convento-monasterio de monjas benedictinas.

Intento comunicar con algún hostal o casa rural de Santa Cilia de Jaca, el último pueblo de este, mi tercer tramo, y, tirando del ovillo me entero de que el albergue de peregrinos estará abierto; ¡¡¡fantástico!!!

Salgo hacia el mediodía de Santa Cruz y fotografío un enorme castaño que hay en la plaza y paso por delante de otra iglesia, también románica, que está dedicada a San Caprasio y es del siglo XI, nada menos. Me hacen gracia los nombres de algunos santos medievales, como éste, San Caprasio, que es la primera vez que oigo nombrar. El día es espléndido y en un plácido paseo llegué a Santa Cilia a las 13:45. La primera parte es pedregosa y con subidas por senderos estrechos, que más tarde se ensanchan y hacen cómodo el camino. Veo muchos arces por aquí y bosque bajo con lentiscos, ruscus, zarzamoras, enebros, bojs y acebos. Paso por Binacua y un cartelito señala la iglesia de los Santos Ángeles Custodios, con los típicos arquillos ciegos lombardos. Ya estoy acercándome a Santa Cilia de Jaca, ¡¡qué emoción!!.Es que aquí finaliza el Camino Catalán de Santiago y este es el punto de conexión con el Camino Francés de Somport. En algún lugar leí que al llegar aquí, los peregrinos que venían del camino catalán y aragonés, hacían una gran celebración, entre otras cosas por el hecho de que así mejoraba mucho su seguridad personal, puesto que el riesgo de emboscadas, robos, asaltos, etc, disminuía de forma importante. Unos siglos después, y aunque por fortuna ahora en infinitamente mejores condiciones, puedo dar fe de que la inmensa mayoría del camino recorrido hasta aquí lo he hecho a solas.

Cruzo la carretera nacional y entro en Santa Cilia, un pueblo que me gusta. Situado en un llano, tiene múltiples símbolos del Camino, empezando por una estatua grande del apóstol, que nos da la bienvenida. Le hago una foto con mi bordón en su mano. También encuentras en el suelo, indicando el camino a la iglesia y el albergue, la vieira metálica típica. Y me llama la atención que bastantes casas tengan su huertecito detrás.

Busco a la señora del albergue y me indican que también se cuida del casal social del pueblo, que se llama D'o Salzar. ¡Estupendo! Es la hora de comer y así mato dos pájaros de un tiro. Acuerdo con la amable hospitalera la noche en el albergue y pido el menú: sopa de fideos con huevo duro, dos trozos de lomo y un huevo frito con patatas y de postre un yogurt. Son 9 euros. Aquí están. ¡Ah! Y aparte el café.

Por la tarde me doy un paseo para conocer la iglesia, cerrada, y caminar un rato por la ribera del río Aragón, que baja con fuerza. En la más estricta soledad, escucho encantado el ruido del agua corriendo deprisa y sin parar.

Duermo muy bien en este estupendo albergue de Santa Cilia, en el que pernocté, aquí también, en absoluto silencio y completa soledad.

CUARTO TRAMO: DE SANTA CILIA DE JACA A ESTELLA

Inicio este tramo de nuevo desde Santa Cilia de Jaca adonde he llegado en autocar procedente de Jaca y antes de Huesca y Barcelona. Me dirijo a Puente la Reina de Jaca adonde llego ya anocheciendo sin apenas luz del día pero con una maravillosa luna llena, tras atravesar un espeso bosque de pinos enormes en el que únicamente oía el trino de los pajarillos regresando a sus nidos, y el susurro del corretear del río Aragón, fiel compañero desde hace unos kilómetros. Al acabar la senda, contemplo el bonito puente que da nombre al pueblo.

Dormí en el Hotel Anaya, porque el Albergue estaba también cerrado por la Covid. El propietario, un hombre serio, pero de muy educados modales y servicial, me mostró la habitación y me invitó a cenar en el restaurante del mismo hostal. Él, personalmente servía en las mesas. La cena consistió en caldo, pollo al ajillo, natillas, dos copas de somontano y café. Fueron 12,5 euros.

Por la mañana, tempranito, salgo hacia Ruesta y paso por bellos caminos rodeados de campos de cereales verdes, estamos en primavera, y ya empiezan a vislumbrarse en el horizonte algunos picos nevados del Prepirineo. Paso por Arrés, y por Martes y después por Mianos, también éste en su altozano asentado. Me comentaron que todos estos pueblos aragoneses, próximos a Navarra, están subidos en alto por temor a los ataques navarros, un reino, en aquél entonces, más potente que el aragonés. No recuerdo de qué siglo hablamos. Acercándome a Artieda hay un tramo precioso de camino con altos pinos a un lado y creo que abedules, todavía sin apenas hojas, por el otro. He pasado un poste del Camino que dice: "799

Km para Santiago". Bueno, ya falta menos. Llego a los pies de Artieda, donde está el cementerio y desde allí veo un enorme pantano. En el pueblo me dirán que es el embalse de Yesa. Hay un cartel anunciador en el camino que indica que el albergue está abierto. Me quedo aquí a dormir.

El albergue de Artieda es acogedor, se entra por una puerta porticada con columnas de piedra. Toda la construcción es de piedra y el pueblo me parece muy bonito. Los hospitaleros son Natalia y Enric, de lo más agradable. Me esperaban con un bocata de lomo, o mejor dicho de tomo y lomo, y luego una cerveza fresca. ¡Qué bien, madre mía! Me tomé esta merienda-cena en un patio-terraza con mesas de la parte posterior, animada por la presencia de otros peregrinos y con unas vistas preciosas.

Por la mañana temprano desayuné en una sala independiente pero adjunta al albergue, que era una sala de estar-biblioteca muy curiosa y acogedora, con un sofá, unas estanterías llenas de libros en varios idiomas y unas mesas preparadas con desayunos personalizados, listos para ser consumidos. En mi lugar había queso, jamón en dulce, bizcocho, Kellogg's, miel, leche y un plátano. El café debías servírtelo tú de una enorme cafetera humeante que estaba al fondo del cuarto y que perfumaba todo el ambiente.

En la estancia hay un peregrino, le saludo y me contesta en un correcto español. Se llama Hervé Pérez y es de Arlès, Francia. Charlamos un rato y me dice que es vegano y budista y que hace el Camino por espiritualidad y añade que da igual una espiritualidad que otra y dentro de ésta sitúa el conocer a gente y dialogar con ella, conocer pueblos, conocer paisajes, disfrutar de la Naturaleza, de las mariposas, de las flores, de los olores, de los trinos de los pajarillos, abrir y disfrutar de los sentidos.

– Eso es lo que yo hago, además de meditar.

Lleva cuarenta días caminando, pero va poco a poco, sin prisa alguna. Hervé tiene cuarenta y cinco años, su abuelo era español, tiene una poblada barba y creo que es un gran tipo. Adiós, Hervé.

– Adiós.

A la salida de Artieda veo un llamativo muro pintado de color naranja, con una gran flecha amarilla indicativa y la vieira, y el siguiente mensaje:

"NUNCA ES DEMASIADO TARDE PARA ENCONTRAR EL CAMINO"

Saliendo de Artieda

Sigo adelante, paso por un lugar que es como un paisaje lunar, me adentro en un camino boscoso, atravieso el cartel anunciador de la entrada en Las Cinco Villas y vuelvo a ver el alargado final del pantano de Yesa.

Unos tres kilómetros antes de llegar a Ruesta me meto en una senda de un bosque abarrotado de chopos y álamos blancos, de encinas y fresnos, de brezos, lentiscos, ruscus, hiedras y otros arbustos y al acabar se me presenta un enorme castillo, altísimo, con dos torreones que emergen colosales. Es el castillo de Ruesta.

Estoy llegando y un ciclista me pregunta si es Ruesta y le digo que no lo sé. Yo tenía que hacer un alto para comer algo. Aquí hay una cafetería y un montón de gente comiendo y bebiendo. Son peregrinos. El ciclista ha dejado aparcada su bici y me pregunta si vamos a tomar algo mientras fotografía un pórtico de lo que parece una iglesia abandonada. Es elegante, estilo renacimiento. Por dentro no puedo ver la iglesia y yo también fotografío la fachada. Está tapiada la entrada. Le digo al ciclista que me sorprende ver a tanta gente y me dice que debe ser porque no hay ningún pueblo con bar hasta Undués, que está lejos, al menos a ocho kilómetros. Pasamos a una terraza del bar, muy agradable, muy concurrida y nos pedimos un bocata y una cerveza. Y charlamos. Se llama Dan y le digo que si es un diminutivo de Dani. Me dice que ése es su nombre, es rumano.

– ¡Pero si hablas perfectamente el castellano, yo creía que eras español!
– Estuve un año estudiándolo.
– Pero ¡eso es muy poco tiempo para dominar nuestro idioma como tú lo dominas!
– ¿Por qué haces el Camino, Dan?

– Yo soy cristiano, aunque no practicante, y me gustan mucho las iglesias. Pero en el Camino tengo la oportunidad de ver y vivir muchas otras cosas bonitas. Lo he repetido cuatro veces, dos de ellas en bicicleta y otra con mi mujer, a pie. Pero cada vez es diferente, descubres cosas nuevas, conoces gente nueva. Ahora, cada año, en septiembre u octubre hago el Camino.
– Pero ¿estás jubilado?
– Sí, me jubilé a los 51.
– ¡Caramba, muy joven!
– Yo soy Ingeniero aeronáutico. Llegó un momento en el que no sabía, al despertar, dónde me encontraba. Viajaba continuamente de un país a otro, de hotel en hotel, sin vida familiar, hasta que dije basta. Lo que saqué de positivo fue que aprendí idiomas en los países que visitaba.
Y empieza a hablar en francés y en inglés con otros peregrinos sentados al lado ¡y lo hace a la perfección!

Mientras damos cuenta del bocadillo y la cerveza me dice que habla siete idiomas: el alemán, el rumano, el francés, el portugués, el español, el italiano y el inglés.

– Eres un superdotado para los idiomas, porque una cosa es conocerlos y otra dominarlos como haces tú. ¡Qué barbaridad!

Una de nuestras compañeras de terraza es Marie Aude, francesa que nos cuenta que debe pasar unos días aquí para reponerse de un desfallecimiento que sufrió por una hipotensión causada por la deshidratación debida al calor y por llevar una mochila con más kilos de los debidos. Ella hizo en su día la Ruta de la Plata y ahora está siguiendo la Voie d´Arles, o vía tolosana, que va desde Arles a

Somport, donde conecta con el camino aragonés. Dice que hace el Camino por espiritualidad y que le gusta la soledad.

– Puedo estar cuatro o cinco días sin hablar con nadie.

En su tramo hasta aquí ha dormido dos veces en abadías, una de ellas en el monasterio de Sarrance, que le dejó un buen recuerdo.

– Quiero volver allí a pasar algunos días.

Nos dice que no comparte la fe católica, pero que, del mismo modo que le atrae lo que hace la gente en los distintos lugares, le atrae también lo que hacen los monjes en los monasterios.

– Como no quiero dormir en los albergues, no he tenido más remedio que dormir en el bosque.
– Caramba, sí que eres valiente, no debe ser muy relajante dormir así, a la intemperie.
– Estoy acostumbrada, no es un problema para mí.
– Adiós, Marie Aude, suerte, que te recuperes pronto.
– Gracias, solo son dos días y seguiré adelante.
– Adiós, Dan, buen Camino. Un placer conocerte.

Y yo dejo Ruesta con buen sabor de boca y bien repuesto. A la salida le digo adiós a una sencilla pero proporcionada iglesita románica (la de San Jacobo) con tres arquivoltas en el pórtico de entrada y ahora se me presenta un muy singular puente de madera, solo para peatones, que me lleva al otro lado de la carretera. Inicio un camino con enjambres de mariposas de color pardo y naranja con puntos blancos y negros en las alas y otras de otros colores, que van revoloteando a mi paso, casi tocándome las botas. También aparecen flores preciosas, pequeñas, de color azul turquesa, lilas, amarillas, blancas, rojas, margaritas, amapolas, violetas. Hay una subida prolongada hasta llegar a Undués de Lerda. Al llegar escribo en mi cuaderno: ¡qué maravilla! Me siento bien aquí, en este ambiente limpio, con este día radiante. ¡Cuántas gracias habré de dar! Paso por delante de la iglesia de San Martin de Tours y llego al albergue con el propósito de comer aquí, en Undués. La hospitalera, muy amable, me pregunta si soy yo quien ha reservado habitación para esta noche y le digo que no, que yo sigo hacia Sangüesa. Se me ocurre preguntarle si esa persona se llama Hervé y me responde que sí.

Es que Hervé, a quien he conocido esta mañana, me ha dicho en Artieda que hoy quería quedarse a dormir aquí.

– Yo he venido a comer si es posible, señora.

– Muy bien, siéntese aquí y tenga el menú.

– De primero espárragos con mayonesa y tomate crudo, de segundo gallineta con patatas al horno y ensalada y de postre flan natural casero y café. Para beber, una cerveza con limón, un vaso de vino tinto y un botellín de agua mineral.– Todo esto costó 11 euros. ¡Madre mía, es un regalo!

A mi lado comían seis hombres recios, brutotes pero sencillos, de piel curtida pero de mirada y expresiones limpias y hablaban de ovejas y carneros y de terneras y yo pensaba que yo no sabía ni entendía nada de todo eso, que ellos saben de lo suyo y yo de lo mío pero que somos igual de necesarios unos y otros. Tuve aquí un sentimiento de fraternal solidaridad. Todos los hombres somos personas. Y esta categoría es igual para todos.

Al poco de salir de Undués en el borde del camino veo un mojón muy grande de piedra con la punta triangular en el que está grabada la vieira del Camino y las palabras "Navarra" y abajo "Nafarroa".

Llego a Sangüesa y me alojo en el albergue, que está muy animado. Salí un rato a estirar las piernas y me acerqué a la Iglesia de Santa María la Real en la que lamentablemente no pude entrar al estar cerrada, pero con solo ver el pórtico de la entrada entiendo por qué es Monumento Nacional. ¡Es apoteósica!

En el albergue coincido con Bénedict a quien pregunto. Me dice que "el Camino" es para él una posibilidad de encontrar el camino para poder llegar a Dios.

– Yo me llamo Bénedict porque dos hermanos de mi abuelo fueron monjes benedictinos y esto me hace siempre pensar que si ellos encontraron su camino, yo al menos lo quiero buscar. Busco mi camino en *el Camino.* Y además, recorriéndolo, puedes encontrar a gente interesante. El Camino es una mezcla de soledad y comunión.

Eso es así, verdaderamente. Soledad y comunión.

– Ayer me saturé de reflexionar, después de mucho tiempo sin hacerlo.

Este gran tipo realmente quiere buscar y encontrar algo y creo que lo logrará.

Bénedict aprovecha para hacer el camino con calma y me dice que si conozco la Foz de Lumbier. Le digo que no y él me invita a acompañarle, ya que mañana quiere ir a conocerla "porque he visto en internet que puede ser un lugar interesante".

– Haces muy bien, Bénedict. Te habría acompañado con mucho gusto, pero no dispongo del tiempo para ello. Encantado de haberte conocido. ¿De dónde eres?

– De Frankfurt.

Pero habla muy bien el español, el inglés y el francés.

También pude conocer en el albergue a José, de Sevilla, quien me respondió de forma muy clara y sintética que los motivos de su camino eran el religioso, la aventura, el poner orden en su vida reflexionando y conocer gente de otros lugares.

– Muy bien, José, anoto tus razones, muchas gracias y buenas noches.

Salgo temprano de Sangüesa, camino de Monreal, donde quiero pernoctar hoy, 25 de junio de 2021. Paso por Yzco, con su cruz de término y después por Ibargoiti y entro a continuación en un tramo maravilloso de bosque a través de un sendero umbrío en el que solo penetran estrechos haces de luz de sol, de diferentes tonalidades, con un olor a húmedo que te embriaga, y a los lados una colección de robles extraordinarios, altos y yergos, de hayas, de encinas, de pinos y avellanos silvestres con un sotobosque sobre todo de helechos. Realmente un tramo inolvidable, de una belleza incomparable. Me aposento en el Albergue y me dirijo a la plaza que tengo casi enfrente a comer, aunque sea un poco tarde. Tengo ante mí un magnífico magnolio que está viendo cómo devoro literalmente los dos grandes trozos de salmón al horno con patatas que me han puesto por delante, un arroz con leche y canela, vino blanco a discreción y un café.

– Son diez euros.

Es barato y además las camareras son amables y serviciales y ves como todo el mundo saluda y sonríe. La vida en los pueblos es más humana, más sencilla, te encuentras bien en este ambiente. Es quizás una razón más que explica por qué hay quien repite el Camino una y más veces. La cena fue muy divertida, en el mismo lugar, el bar "El Centro". Esta vez vi un cartel en el interior que decía:

“por acuerdo de la Asamblea de Socios, se cobrará un euro sobre el precio del menú a aquéllas personas que no sean socias. (Monreal, diciembre de 2018)”.

Curiosa manera de promoción para reclutar socios. En fin, tampoco es tanto un euro de más. Nos juntamos tres franceses y yo y a los postres se sumó un peregrino de Huesca. No recuerdo lo que cené pero estaba muy bueno. Lo mejor fue compartir con ellos la cena. Te sientas en la misma mesa, preguntas si no tienen inconveniente en acompañarles y la respuesta es siempre “por supuesto que no”. Lo cierto es que en el Camino es raro encontrarte con gente “rara”. Nos dio a todos por querer invitar a vino. Yo empecé con una botella de clarete navarro que me recomendaron los mismos empleados del local y que, por cierto, era estupendo. Y después siguieron los demás, incluida la única chica del grupo. Cuando a los postres se añadió Vicente, que así se llamaba el oscense, quiso sumarse a la invitación, pero conseguimos que declinara su intención porque íbamos ya servidos. Bien servidos. Nos acostamos tarde, esa noche, yo estuve hablando hasta las tantas con André López, procedente de Sommières. Me explicó que era nieto de español, de ahí su apellido.

Al día siguiente salí solo de Monreal y enseguida me acompañó un riachuelo y avanzas como en la selva, rodeado de vegetación hasta toparte con un cartel que anuncia que a 120 metros está el crucero de San Blas, que quizás señalaba el cruce de los caminos de Santiago y el de Labiano. Pero no me acerqué a verlo. Seguí adelante hasta Otano y después hice una fotografía desde un altozano de un canal que creo que es el de Navarra y luego me pierdo y subo a un monte por un camino muy empinado y duro y muy largo en mitad del cual me encuentro a André agotado, secándose con un pañuelo el sudor.

– Creo que nos hemos perdido, ¿verdad?

Seguimos subiendo a muy duras penas hasta la cima para corroborar el despiste.

Por fortuna encontramos a un joven que nos indica un sendero por donde volver a nuestra ruta hasta llegar a Tiebas con su castillo derruido. Nos hacemos unas fotos con el castillo al fondo y continuamos juntos hasta Enériz. Allí paramos a tomar algo y ¡sorpresa!, nos encontramos en el bar a Vicente. André, muy cansado, decidió tomar un taxi hasta Puente la Reina. Y yo seguí, muy cansado también, pero caminando con Vicente, hacia la ermita de Santa María de Eunate. En el trayecto Vicente me explica que es arquitecto municipal de Huesca, que es católico y que en su día hizo el camino francés y no el aragonés, "como correspondería a un aragonés como yo" y estos días quería precisamente recorrer su camino hasta Puente la Reina. Entonces acabas hoy tu aventura.

– Sí, en el albergue de Puente la Reina me esperan mi mujer y mi hijo.

Y en ésas que divisamos el espectacular porte de esta Ermita de una belleza especial, situada en medio del campo, de planta octogonal en la que pudimos entrar y admirar un buen rato la elegancia de su interior, románico puro, austero pero a la vez único, con nervios cuadrangulares, ¡qué presbiterio, qué cúpulas, qué capiteles amigos! ¡Cómo disfrutamos, él como arquitecto y yo como amante de la arquitectura! Nos hicimos unas fotos antes de continuar hacia Obanos y desde aquí hasta Puente la Reina pude ver campos cultivados de espárragos. Unos espárragos grandes, blancos, clavados literalmente en la tierra. Era la primera vez que veía un campo de espárragos. Los de Navarra son famosos. ¡Qué buenos!

Por una larga avenida entramos, Vicente y yo, en Puente la Reina, no sin antes apreciar una estatua de peregrino que está situada en el punto de cruce de los dos caminos. Al llegar al albergue, nos encontramos a la esposa y al hijo de Vicente, quien dio aquí por finalizado su camino. "Vicente, encantado de haberte conocido, déjame tu teléfono y te enviaré unas fotos". "Muy bien, aquí lo tienes" El albergue, hecho en piedra, con arcos y un largo porche a la entrada, es singular. Pertenece a la Comunidad de los Padres Reparadores, y en la puerta, mientras miraba un grabado en piedra que decía "1621", coincidí con un seminarista mexicano que entendí que había acabado su periodo de formación en Roma y que había decidido hacer el Camino antes de regresar a México.

– Pues nada, acuérdate de rezar por mí y que te vaya muy bien.

– "Sí, claro".

Una vez dentro, el albergue rebosa actividad y movimiento. Mucha gente moviéndose de aquí para allá. Y es que aquí hay peregrinos del camino de Roncesvalles y del de Somport, que incluye el catalano-aragonés, por el que yo he venido.

Ya avanzada la tarde y después de dejar mis bártulos en el albergue, salí a conocer el famoso puente románico y la iglesia de Santiago. Ésta estaba cerrada pero pude ver su precioso pórtico románico con seis arquivoltas muy bien trabajadas y sus enormes dimensiones, y después el puente; éste sí que pude admirarlo con calma. Románico, largo, esbelto, proporcionado, con seis arcos, sobre el río Arga.¡¡Qué mérito tan grande el de los constructores de esta maravilla!!

Duermo plácidamente y por la mañana temprano salgo hacia Estella (o Lizarra para los navarros).

Pasé por Mañeru y al llegar a Cirauqui presté atención al ver un sencillo pero precioso puente romano donde pensé que podría estar la placa que recuerda el lugar donde murió Arne Skov, pero no conseguí verla. Más adelante recorrí un tramo de calzada romana y luego vi otro puente, éste medieval, sobre un río que supongo que sería el Salado, pero tampoco la vi. Y de nuevo un puente románico al llegar a Villatuerta. A la salida una iglesia grande y alta tiene colgando encima del pórtico de entrada un enorme cartel con la figura de San Veremundo, nacido en este pueblo en 1020, o sea, hace mil años. La iglesia está abierta, es domingo, así es que entré y justo al cruzar la puerta veo a mis espaldas a André, que tenía como yo la intención de oír misa. Pero esta vez no hubo bendición de peregrinos. Finalizó la misa que ofició un sacerdote de color y a la salida pedí a André que me fotografiara a los pies de una gran escultura de Veremundo que había en la explanada frente a la entrada. Después seguimos juntos hasta Estella. Veremundo, sí. Otro curioso y singular nombre para un remoto y secular Santo.

Un cartel anunciador de una casa rural para peregrinos que encontramos al salir señalaba 643 km hasta Santiago. "Bueno, ya falta menos, como mínimo ya llevo otros tantos desde Barcelona".

Y aquí estamos, en Estella, que más que pueblo es, desde luego, ciudad, a tenor de los edificios e iglesias que podemos ver. Fotografío varios de ellos -algunos palacios soberbios- pero me detengo en la iglesia de San Miguel, hasta el punto de acercarme a leer la explicación plasmada en una placa junto a su fabuloso pórtico románico y después, encaramada en un alto, la de San Pedro, las dos cerradas, mala pata. André había reservado en un albergue donde ya no cabía yo, así es que me tuve que quedar esa noche en uno privado. Cené en el restaurante "Mundo" donde me pusieron una ensalada con queso y pera, tres croquetas, una tarta de queso con fresas, una cerveza y un café. Fueron veinte euros. Dormí muy bien en el albergue y al día siguiente, muy tempranito, me dirigí a la estación para tomar un bus hasta Logroño y desde allí a Barcelona. Había acabado mi cuarto tramo.

QUINTO TRAMO: DE ESTELLA A SANTO DOMINGO DE LA CALZADA

Llegué a Estella de la misma forma que me fui, pero al revés: cogí un AVE de Barcelona a Zaragoza y aquí un Alvia hasta Logroño. Como eran las tantas dormí en el albergue de Logroño y el día siguiente, viernes 10 de septiembre llegué a Estella en un bus muy tempranero.

El albergue de Logroño es enorme y tiene un patio de entrada con una fuente-piscina donde puedes meter los pies. Esto va bien en verano. Me dice Joan, el amable hospitalero, que le ponen lejía al agua todos los días. Es agradable este hombre, catalán que vive encantado en Logroño. Me explica que en octubre hará el Camino desde Cullera y que empleará más de 60 días en recorrerlo. Me recomienda un sitio próximo, junto a la plaza de la monumental catedral iluminada para tomar algo y me voy pronto a la cama que mañana debo madrugar para coger el bus a las siete y media.

Llego a Estella a las ocho y media de la mañana y salgo por un puente viejo, muy alto con gran curvatura pero de un solo arco, que cruza el río Ega.

A la una del mediodía llegaba a Los Arcos después de dejar el monasterio de Irache, Villamayor de Monjardín y Las Cruces. Es decir, que he hecho este recorrido de veintidós kilómetros en cuatro horas y media. Está muy bien, me digo a mí mismo. Lo cierto es que es un trayecto llano, plácido, donde encuentro a muchos peregrinos caminando desde primera hora: alemanes, franceses, italianos, también orientales y desde luego españoles. Muchas viñas ya por doquier y como estamos en septiembre pues nada como acercarte a una vid y coger un racimo y saborear, como hice yo, unas uvas tintas riquísimas. Más adelante encontré algunas zarzamoras y me comí unas cuantas moras deliciosas.

Como no tenía bastante con esto, en Los Arcos di cuenta de un buen bocadillo de jamón y una cerveza por cuatro euros. La iglesia parroquial de Los Arcos tiene un pórtico que impresiona y un campanario excelso, pero no puedo entrar.

Decido seguir hasta Torres del Río, que está a unos ocho kilómetros. Al llegar al pueblo te encuentras con un albergue-hostal que te ofrece en un enorme cartel lo siguiente: "alojamiento por 12 euros, y si se añade derecho a piscina y cena con ocho primeros y ocho segundos platos a escoger, con postre, agua y vino, entonces todo por 25 euros" .¡Hombre, no está mal! El lugar, además era grande, estaba muy bien acondicionado y tenía una animación enorme. Así es que me quedé aquí.

Al tomar mi litera me encuentro enfrente con Gabriel, un joven de veintidós años que procede de Chantilly, Francia, que solo con su mirada y su sonrisa te invita al saludo y algo más.

– Gabriel, ¿por qué haces el Camino?
– En mi caso el motivo principal es religioso, espiritual, pero también hay una motivación cultural y social importante. Yo he hecho la carrera militar, pero no soy soldado, soy administrativo. Además, – prosigue – España es un país bonito que yo he visitado anteriormente y que encuentro que ha evolucionado mucho desde el punto de vista social. Es un país en el que te encuentras bien, tranquilo, hay sensación de libertad y también de seguridad, la gente disfruta saliendo, las terrazas están llenas, las noches se viven en la calle.
– Caramba, Gabriel, vaya publicidad.

– Y volviendo al Camino te diré que busco algo en él pero que no sé qué es. Espero encontrar un camino nuevo para mi vida y encontrar nuevas personas.

Al instante entra una chica que se coloca a su lado y me la presenta:

– Es Mónica y la he encontrado en el Camino.
– Hola Mónica, ¿de dónde eres?
– Soy polaca – me dice en inglés.
– Es una bella persona – se apresura a decirme Gabriel.
– Sí, seguro y además una persona bella – añado yo.

Gabriel me da su dirección de correo electrónico y me recomienda que lea "Les racines du ciel" de Romain Gary.

Le aseguro que lo haré o al menos que lo intentaré.

Bajé a cenar al magnífico comedor del hostal y me encontré con Bettina, qué sorpresa.

Bettina es una mujer alemana con la que coincidí esta mañana saliendo de Estella. En el corto tiempo que caminamos juntos, no tuvimos más espacio que el justo para darnos nuestros nombres y decirnos de dónde éramos y, naturalmente para darnos los buenos días y desearnos un "Buen Camino".

Puesto que ella me reconoció también, le pregunté si podía cenar en su mesa y con su ademán y una amable sonrisa me dio la respuesta.

A más corta distancia pude ver sus ojos azules, muy bonitos y su agradable sonrisa, la sonrisa de alguien que se siente feliz. Ella habla alemán, claro, y también inglés y al preguntarle me dice que "un poco español". Nos entendimos bien, gracias a ella.

– ¿Estás haciendo sola el Camino, Bettina?

– Sí, y es la segunda vez que lo hago.
– ¿Y por qué lo haces, puedo saberlo?
– Amo profundamente el Camino. Yo no soy católica practicante pero creo en un ser superior a quien siento en esta Naturaleza, en estos paisajes, en este silencio.
–¿Tienes familia?
– Sí, tengo dos hijas y estoy casada. Pero al Camino vengo sola.

Ella pidió unos macarrones que encontró "exquisitos" y de segundo pollo asado "fantástico". Yo unos espárragos y secreto ibérico. Los dos coincidimos en el postre: arroz con leche.

– El Camino tiene otra virtud: ¡qué buena es la comida en su país!

Entre una cosa y otra y tratando yo de explicarle el secreto del secreto ibérico, pudimos con una botella de excelente vino tinto. Pero también con otra, si cabe mayor, de agua mineral. La mezcla hizo que el vino no se nos subiera a la cabeza. Me despedí de Bettina agradeciéndole su compañía.

En una mesa próxima a la nuestra estuvieron Gabriel y Mónica. Yo los vi acaramelados, la verdad. ¿Saldrá algo serio de este encuentro?

La noche ha sido un poco agitada. Yo llegué a nuestra habitación el primero. Luego vinieron Gabriel y Mónica y un buen rato después un tropel de jóvenes algo ruidosos. Por suerte, aunque se ocuparan nueve de las diez literas de nuestro cuarto, la décima, que era justo la que tenía yo encima, quedó libre.

A la salida del pueblo, a la mañana siguiente, tuve la fortuna de encontrar abierta la iglesia del Santo Sepulcro. Un templo octogonal, como el de Enate, pero iniciado en el siglo XII, copia del Santo Sepulcro de Jerusalén, sin nave, nada más entrar te encuentras con la planta octogonal que hace de nave y a la vez es cúpula o cimborrio, con unas proporciones perfectas y en un extremo el ábside de austeridad insultante con un Cristo del siglo XIV con cuatro clavos al tener los pies separados, con corona de rey, no de espinas, todo esto explicado por el señor que estaba allí cobrando una muy modesta entrada. Pero los tragaluces, los nervios cuadrangulares de la cúpula y los capiteles y soportes de las bases de los nervios son maravillosos, verdaderas obras de arte. Este es realmente un edificio extraordinario, teniendo en cuenta cuándo se construyó.

Sigo camino hacia Viana. Estos últimos tramos, anteayer, ayer, hoy, son livianos, con colinas de perfil suave, con las cimas tapizadas de bosque, en general pinos y las laderas como faldas, recubiertas de gramíneas.

Desde la salida coincido con muchos otros peregrinos, pero me fijo en uno de ellos, al que saludo y doy los buenos días que él me agradece y devuelve. Sin parar de caminar me acerco a él y le pregunto de dónde viene a lo que responde que de los Estados Unidos.

– Caramba, eso está muy lejos, ¿no?
– ¿Hace el Camino usted sólo?
– Sí, voy solo.
– ¿Puedo preguntarle su edad?
– Sí, claro, tengo 78 años.
– ¡Madre mía!
– Permítame que le diga que es usted un ejemplo magnífico de vitalidad.
– ¿De qué ciudad es usted?
– De Los Ángeles.

Me despedí de él diciéndole que una de mis hijas ha vivido once años en San Francisco, circunstancia que me permitió conocer esa ciudad preciosa. Y que tengo dos maravillosos nietos nacidos allí.

Más adelante veo a una chica joven a la que adelanté, momento en el que pude apreciar en sus facciones que tenía rasgos orientales. También pude ver que el adelanto no le sentó muy bien, pues anduvo pisándome literalmente los talones hasta llegar a Viana. Fue divertido comprobar cómo, al apretar yo mi ritmo, ella hacía lo propio como para demostrarme que no me sería fácil despegarme de ella. Esto me hizo gracia, y al llegar a Viana, entre sonrisas, le pregunté de dónde venía y me dijo que era china, en un inglés correcto.

–¿Pero vives en España?
– No, vivo en la China y vengo de allí.
– ¿Eres católica?
– Sí.

Me impresionó lo de esta chica. ¡Qué fuerte! Realmente en el Camino puedes encontrar seres excepcionales y desde luego inesperados.

Viana es un pueblo bonito. Su calle mayor o más céntrica, tiene establecimientos y cafeterías con clase. En una pastelería compré unos dulces de coco y chocolate buenísimos y me tomé un café con leche mientras esperé a que abrieran la iglesia parroquial que, en el suelo, frente a su puerta principal, tiene una losa de mármol blanco que indica el sepulcro de César Borgia colocada fuera de la iglesia, según me explicaron, porque la leyenda dice que se colocó fuera para ser pisada por todo el que pasara por allí. Algo raro tuvo que ser este hombre.

La iglesia es asombrosa, gótica, grande como una catedral, un retablo renacentista, un ábside amplísimo con la capilla dedicada a Santa Magdalena detrás, ¡tan bella!

Seguí adelante hasta llegar a Logroño, esta vez caminando. Pasé de nuevo por el albergue, no para hospedarme allí sino para saludar a Joan y preguntarle por la calle Laurel y por el bar donde sirven los famosos champiñones a la plancha. Me lo indicó amablemente y naturalmente me tomé un par de champiñones exquisitos en el bar Ángel en medio de una animación increíble.

Y seguí camino hacia Navarrete, tras abandonar Logroño por un largo y cuidado parque (qué buena impresión me llevo de Logroño) y un camino urbano peatonal, bien trazado, de varios kilómetros. En una valla que nos separa de la autopista veo una multitud de crucifijos hechos con maderas y ramas que están fijados a la red metálica mostrando un cuadro sorprendente. Unas más grandes que otras, todas de formas y tamaños distintos. Anduve buscando por allí alguna rama y finalmente también yo dejé allí mi humilde impronta en forma de cruz.

Antes de llegar a Navarrete pude ver la portada románica de transición al gótico del antiguo Hospital de San Juan, una hospedería medieval de peregrinos del siglo XII, ahora en ruinas, pero que conservó la extraordinaria portada que ahora es la puerta del cementerio del pueblo.

El hospitalero de Navarrete, que se llama Ángel y es muy amable, me da litera para dormir y al tiempo que me sella la credencial con el tampón de "La casa del Peregrino", me ofrece un librito escrito por él titulado: "El arte de peregrinar de paso por Compostela". Se lo compro y lo leeré cuando pueda, pero ya a primera vista, en la portada y bajo el título leo: ”Si vas a Santiago amarás al roncador”, lo cual me hace mucha gracia, porque ésa no es tarea fácil, aunque sí deseable, al menos en teoría. Ya me he encontrado con algún que otro roncador. Los acepto, porque yo también ronco de vez en cuando.

Mi compañero de litera de al lado no cabe en su cama. Está estirado y le sobresalen y cuelgan los pies. Al saludarle se incorpora y calculo que debe estar en el metro noventa y los 100 kilos.

– ¿Qué tal? ¿De dónde eres?
– Soy de cerca de Sao Paulo, de Isla Bella, Brasil, un lugar precioso con cascadas de agua dulce, pero ahora estoy viviendo en Albufeira, en el Algarve portugués, donde trabajo para una compañía multinacional de taxis.
–¿Y cómo te llamas?
– Joseph.
– ¿Por qué estás aquí?
– Porque necesitaba un tiempo para mí. Tengo novia, podía haber venido conmigo, pero le he pedido permiso para hacer el Camino solo. Tengo cosas sobre las que reflexionar y tomar decisiones y prefiero la soledad. Y quiero encontrar la paz, vivir en paz, aprender a vivir con lo imprescindible y no atarme al dinero ni a las cosas. He vivido experiencias con familiares, enfermedades, situaciones difíciles que me han enseñado que lo importante no es lo material.
– Si me dejas tu correo te envío el librito.
– Toma, te lo escribo yo mismo aquí en tu libreta.
– Gracias y hasta siempre.

Salgo hacia Nájera y me encuentro al poco rato con una cruz dedicada a los peregrinos fallecidos en el término de Navarrete. Paso por Ventosa, que me pareció muy limpio y me tomo aquí un café con leche antes de seguir hacia Nájera. Es espectacular la cantidad de viñedos perfectamente alineados que puedes encontrarte entre estos dos pueblos. Precisamente admirando las viñas, ahora cargadas de uva, estamos en septiembre, veo frente a mí una finca blanca en medio de tanto verde. Es de la familia Vivanco, llamada Alto San Antón. ¡Qué casualidad! Conozco indirectamente a esa familia de bodegueros a través de unos familiares propios y he probado muchas veces sus ricos caldos. Y como caminaba junto a viñas de esa finca me atreví a coger un racimo de uvas tintas de los múltiples que colgaban de sus sarmientos. ¡Y qué cosa tan rica! ¡No me extraña que tengan un vino tan bueno!

Llevo un buen ritmo y antes del mediodía llego a Nájera, de la que recuerdo aún después de muchos años, haber visitado y admirado el monasterio de Santa María la Real. Así es que me acerqué a él con el fin de visitarlo de nuevo, pero estaba cerrado. ¡Lástima!

Bueno, pues como no tenía mucha necesidad de comer algo muy consistente y era el mediodía, decidí tomarme unos pinchos en el bar Naxara de la calle Mayor con un cortado y adelante, a ver si llego a Santo Domingo.

El paso por Azofra es ágil, hoy tengo un buen día, pero al llegar a Cirueña, tras caminar junto a las instalaciones del Rioja Alta Golf Club, noto ya las piernas pesadas y el cansancio general. Me quedan seis kilómetros mal contados, así es que ánimo y al toro.

Llego al anochecer a Santo Domingo de la Calzada y me meto en el albergue de "La Casa de la Cofradía del Santo" también llamado "El Peregrino", donde me sellan la credencial y me dan cama. Es una pena que no pueda quedarme más tiempo aquí (mañana debo regresar temprano a Barcelona) porque esta ciudad está cargada de arte y de historia relacionados con el Camino. En el propio albergue me explican que un tal Domingo García que nació en un pueblecito próximo dedicó su vida a mejorar la ruta del Camino para los peregrinos en el siglo XI. Y no sólo eso, ya que levantó un hospital de peregrinos, un pozo y una iglesia en la que ahora es la "Plaza del Santo" de la ciudad. Por todo ello esta ciudad recibe el nombre de Santo Domingo de la Calzada. Y también por ello este santo es el patrón de los ingenieros de Caminos y de los Técnicos de Obras Públicas.

SEXTO TRAMO: DE PORTUGALETE A SANTANDER (PRIMER TRAMO DEL CAMINO NORTE)

Tras consultar con las guías y siguiendo el consejo de mi amiga Ángela, decidí continuar por el Camino del Norte. Tracé una línea con una regla desde Santo Domingo hacia el norte y la línea tocó a Portugalete. Tomé un avión desde Barcelona a Bilbao y desde aquí el metro hasta Portugalete. Aquí fotografié el famoso puente colgante, único en el mundo, pues estaba junto a la oficina de turismo donde me informaron sobre la forma de salir y donde me dieron una magnífica guía del Camino Norte. Desde allí subí una empinada calle donde compré un par de tartaletas de arroz, muy ricas, que, según la pastelera, eran típicas del lugar. La empinada calle me llevó al inicio de una pasarela para bicicletas y peatones muy bien trazada, muy bien hecha, aunque en los primeros kilómetros no dejo de ver una autopista a mi lado y luego una zona industrial potente. Pero la pista está hecha con acierto porque hay plantas a uno y otro lado, es amplia y es llana, en ocasiones sobreelevada para evitar subidas y bajadas pronunciadas. Paso por Ortuella, y más tarde por Gallarta para, después de pocos kilómetros, adentrarme en el bonito valle del Cardeo que está abarrotado de huertos y de vegetación y en él veo un prado verdísimo repleto de corderos con muchísima lana. El valle finaliza en la espectacular playa de La Arena, donde hago varias fotos que envío a los míos. ¡Qué agradable es esto! Después del rato de contemplación de la bonita playa tomo una pasarela de madera en cuyo inicio había una vendedora de helados. Yo estaba con el ánimo tan alto que me compré un helado de café con el que disfruté como un niño mientras atravesaba, por un puente peatonal metálico, la ría del Barbadún: ¡espectacular! para llegar a Pobeña, que está al final de la playa. Subo unos escalones y llego a una pista cementada que bordea al mar con unas vistas preciosas. Un panel indica que este camino tiene el trazado de un antiguo ferrocarril minero. Después de un rato avanzando por este paseo me encuentro a Gorca, un joven que lleva a una yegua negra con manchas blancas que se llama "India", y que de repente se pone a girar su cuello hacia un prado en la ladera inclinada de un monte próximo, una y otra vez, como en busca de alguien, que pronto se da a conocer con un relincho que agita a India y la hace relinchar a ella también en respuesta al saludo de la primera. Es asombroso, luego aparece la compañera blanca bajando al galope por la pradera, para acercarse todo lo posible a India y todo ello con los relinchos continuados de una y otra. ¡Qué comunicación! ¡Hacen gestos amorosos entre sí! Hago una foto a Gorca y a India y sigo por este fantástico camino bordeando siempre el Cantábrico.

Llego a Cobarón que es el último pueblo vasco antes de entrar en Cantabria. Este es el pueblo donde hubo importantes minas de mineral de hierro. Antes de llegar llamé al albergue de Santullán, ya que el municipal de Castro Urdiales está aún cerrado por la dichosa Covid. Decido continuar por la cornisa, son prados deliciosos, como dice el salmo, con un olor a hierba fresca especial. Y es que estamos en otoño y ha llovido no hace mucho. ¡Aaaaahhh! respiro hondo, qué agradable. Un rato más de cornisa y me adentro por la nacional 634 hacia Mioño, cuya iglesia cerrada fotografío, para seguir hasta Lusa y luego a Santullán, fin de etapa.

La patrona del albergue de Santullán es de una amabilidad y simpatía exquisitas, todo son facilidades. "No se preocupe, lo tendrá todo dispuesto cuando llegue". El albergue es privado pero a precio de municipal. Es estupendo, yo dormí en un ala nueva, muy moderna, muy bien acondicionada, aunque lo hice sobre un colchón en el suelo, cosa que no impidió que durmiera como un tronco.

Santullán está debajo mismo de una inmensa cantera. La patrona me dice que es una de las exportadoras mundiales más importantes de áridos calcáreos, sobre todo al Japón, para la central nuclear de Fukushima, la del tsunami. Allí los mezclan con otros materiales para obtener un producto ideal que se está utilizando en la central, no sé con qué fin, aunque supongo que será para cubrirla con una camisa de hormigón especial. Hago una foto, vale la pena. Es una auténtica montaña comida a bocados, con innumerables bancales.

Continúo, paso por Sámano y llego a Castro Urdiales, una ciudad de gran porte, con una catedral gótica impresionante, un castillo a su lado, una playa espectacular y un paseo marítimo bello y largo, rodeando al puerto, que es a la vez pesquero y deportivo. La arquitectura urbana está cuidada, los edificios guardan una alzada homogénea y su diseño ha sido estudiado. Así da gusto. Siempre he creído que la arquitectura urbana tiene una gran importancia para la estética de la ciudad y la calidad de vida de los ciudadanos.

Salgo de Castro Urdiales en dirección a Allendelagua, qué nombre tan bonito, y tomo la nacional 634 con lo que acorto algo el camino hacia Laredo, adonde quiero llegar con luz del día. Paso por un tramo asfaltado repleto en su lado derecho de madroños cargados de frutos típicos rojos, redondos y rugosos. ¡Anda! Pero, ¿qué es aquello? ¡Un toro como una catedral! ¡Y vaya cuernos! Madre mía, ¿qué hace aquí este bicho? Me viene de cara, solitario. Se detiene. Parece que quiera girar y se coloca de perfil, mirándome de reojo sin cesar. Rectifica, se echa de nuevo a andar hacia donde yo estoy, sin prisa y bien pegado al lado derecho de la carretera. Con el susto encima, decido yo también seguir adelante, bien pegado a mi derecha, mientras pensaba y miraba cómo y por dónde huir en caso de que el animal cambiara de actitud. Nos cruzamos por fin mirándonos con recelo de reojo y le hago una foto con la cámara a la altura del estómago, medio escondida, no se fuera a molestar, y mis manos temblando.

El toro de Allendelagua

Antes de ver de nuevo la costa atravieso un bosque parecido al de laurisilvas de La Gomera. Muy espeso. Impactante. Y llego a Allendelagua y empiezo a ver de nuevo el increíble azul del mar. Un día de octubre soleado, espléndido. Después viene Cérdigo y fotografío la fachada de su iglesia. Es un pueblo residencial, con bonitos chalets, aquí y allá. Tres kilómetros más lejos te encuentras con Islares y su espléndida playa cargada de surfistas. A la salida del pueblo está el singular puertecito de Arenillas y un hotel del mismo nombre, donde paré a comer. Me sirvieron una ensalada de bacalao extraordinaria y una rabas exquisitas y por último un sorbete de limón. Por la enorme cantidad de gente que estaba allí, uno puede deducir que es un restaurante de éxito. Yo lo confirmo, tras la experiencia. Paso por la coqueta playa de Las Arenillas y a continuación por otra enorme cuyo nombre desconozco, hasta llegar a la playa del Pontarrón, también preciosa. Desde El Pontarrón (ahora tiene un viaducto altísimo y muy largo, en lugar del puente viejo, histórico, que dio nombre al pueblo) me dirijo hacia Liendo, un pueblo silencioso, muy tranquilo, lleno también de casas residenciales, unifamiliares, aisladas, bellas, salpicadas de vez en cuando por otras rústicas de gran elegancia. Cuando ya iniciaba su adiós el sol, veo desde un promontorio una panorámica sensacional de Laredo. Me quedo estupefacto ante la lengua de arena larguísima que se observa desde arriba. Bajo una pendiente y luego unas escaleras y voy a parar justo a la calle San Francisco donde se encuentra el albergue de las Trinitarias. Al llegar estaba cerrado pero por una puerta contigua vi que se celebraba misa, era un sábado. Entré y esperé hasta el final de la celebración, después de comprobar que las religiosas estaban todas en una capilla lateral llevando los cánticos. Cuando me disponía a marcharme, una monjita reclamó la presencia de los peregrinos presentes para darles la bendición especial. Pensé que siendo yo peregrino, lo correcto sería ir al altar. Lo hice, pero enseguida vi que era el único. En fin, la verdad es que fue un momento emotivo para mí, porque toda la comunidad cantó, había una joven hermana que tocaba estupendamente la guitarra y cantaba bonito, y hubo oración y bendición especial que dio la propia monja. Me regalaron finalmente una pequeña imagen del Cristo de las Trinitarias que da una mano a un hombre negro y la otra a uno blanco (Cristo no distingue entre razas), les agradecí el detalle y les pedí que rezaran por mí, igual que yo intentaré recordarlas a ellas. Después, entré por la puerta de al lado al albergue, coincidiendo con un hombre mayor que me comentó en francés que había estado también en la iglesia, que era un peregrino pero que al no entender lo que decía la monjita, no se acercó a la bendición. Nos pusieron juntos en una habitación minúscula, en la que a duras penas cabía una cama. Tuvimos que hacer auténticos equilibrios para dejar las mochilas y apañarnos con las cosas. Pero pudimos hablar un rato largo. Él es de Moulhouse, se llama Jean y ¡tiene 78 años!

– Jean, ¿por qué haces el Camino?
– Por varios motivos, primero porque me gusta caminar, éste es el quinto Camino que hago y el segundo del Norte, después porque amo la naturaleza, las flores, las plantas, también porque me apetece desconectar y estar solo durante algún tiempo, y porque me gusta España, la conozco bien.
– Y ¿hay alguna inquietud religiosa?
– Puede que sí, pero no soy muy religioso, aunque me meto en todas las celebraciones que encuentro en mi camino. Desde hace tiempo cojo 3 semanas cada año y las dedico al Camino. Llego hasta donde puedo y regreso a casa. Hasta el año siguiente.
– Mañana a qué hora nos despertamos, ¿a las siete?
– Sí, de acuerdo, a las siete, porque ya oíste a la monjita: que a las ocho todos en la calle, jajaja. – Esta monjita era la que nos dio el cuartito y nos pareció un poco “sargentito”.

Jean se levantó varias veces durante la noche, pero pude dormir y descansar bien. Di gracias porque afortunadamente mi próstata sigue tranquila.

A la mañana siguiente, Jean salió antes que yo. Los dos teníamos la misma meta ese día: llegar a dormir a Güemes. La noche anterior me explicó muy bien que una vez sales de Laredo, hay dos opciones para continuar: la marítima y la terrestre y que él iba a tomar la marítima, a la sazón más corta que la otra. La marítima supone ir en lancha desde Laredo hasta Santoña.
Pues creo que yo haré lo mismo, Jean. Me apetece el viaje en lancha.
Nos separamos pues y yo empecé a asombrarme, camino del embarcadero, situado, según me informaron antes, en el puntal mismo de la playa. A asombrarme de la belleza y la longitud de ésta. ¡Madre mía! Estuve una hora de reloj recorriendo el paseo, a ratos junto a dunas protegidas, hasta llegar al embarcadero. Es decir, que, si no me equivoco, esta playa puede tener entre cuatro y cinco kilómetros. Y además, su belleza. Se llama "La Salvé", qué nombre más curioso.

El embarcadero y su entorno ¡son tan marineros! Está a orillas de la bahía de Santoña, población que tengo enfrente. Y ahora veo aproximarse a la lancha que nos va a llevar que avanza como ladeada, como si la corriente la empujara de costado. Somos varios peregrinos los que esperamos para embarcar. Paso un rato agradable hablando con dos de ellos, catalanes, que anoche durmieron también en Las Trinitarias.

¡Qué gozada, por la mañana temprano tal regalo para la vista! Es una bahía espectacular, pero el recorrido es corto, se me hace muy corto.

Embarcadero de Laredo. Bahía de Santoña

Ya estamos en Santoña, otra ciudad con calidad, que digo yo. Lástima que no tenga tiempo de pararme aquí y conocer al menos la famosa iglesia de Santa María del Puerto, del siglo XIII, que nos recomendaron anoche. Pero las calles y plazas que atravieso para buscar la salida me permiten apreciar lo que decía antes: hay calidad arquitectónica y urbanística en esta ciudad. Salgo de ella por la bella playa de Berria, cargada de surfistas, en cuyo final tienes la posibilidad de continuar por el interior, siguiendo la carretera o bien tomar un sendero a la derecha que atraviesa "El Brusco", un monte que entra en el mar y desde el que, según una pareja que por allí andaba, "podrá usted disfrutar de unas vistas de la costa muy lindas, aunque hay un tramo de subidas bastante fuertes".

Sí, me decido por el Brusco y sigo peñas arriba y pienso para mí: "tómatelo con calma y vamos". Así lo hice y creedme que valió la pena. Además de atravesar por una vegetación exuberante con un pequeño bosque de algo parecido a laurisilvas, si es que no lo son, empiezas a ver desde lo alto la playa de Berria a la derecha, cada vez más panorámica, con la bahía de Santoña y la propia ciudad al fondo. ¡Qué espectáculo!

Pero cuando llegas a lo alto, entonces ves a tu izquierda la impresionante playa de Trengandin a la que has de bajar desde El Brusco, encontrándote en la arena rocas clavadas con formas de fantasía. La subida y la bajada se las traen, pero insisto: valen la pena. Recorres toda la playa y llegas a Noja, una villa turística junto a la playa, con muchos apartamentos, hoteles y restaurantes.

Playa de Trengandín

Desde Noja me dirijo hacia Castillo por el interior. La primera parte asombra por sus olores, mezcla de eucaliptus con laurel y con no sé qué más, y al tiempo ves castaños, robles poderosos, encinas, eucaliptus…¡qué maravilla!
Llego a un cruce de carreteras y ¡hombre! ¡Pero si es Jean!

– ¿Qué tal, cómo estás? ¡Jean, eres un auténtico campeón! ¿Seguimos juntos hasta Castillo?
– ¡Sí!
– ¡Pues adelante!

Antes de Castillo atravesamos un bonito bosque de encinas. Cruzamos el pueblo y nos dirigimos a San Miguel de Meruelo, donde me dice Jean que quizás se quede a dormir. Comimos en un bar-restaurante animadísimo. Recomendé a Jean unas rabas deliciosas y después yo le invité a unas tortillitas de camarones que, la verdad, estaban para chuparse los dedos. No es una comida muy de peregrinos, que digamos, pero un día es un día. Jean se anima y me dice que sigue conmigo hasta Güemes. Pues venga, vamos allá. Son unos doce kilómetros más. Nos adentramos en la campiña cántabra, muy verde y así hasta Güemes, que dejamos a un lado para seguir un kilómetro arriba donde se encuentra el albergue. ¡Caramba! ¡vaya albergue! Este es mucho más bonito y grande de lo habitual. Una casa de campo aislada en lo alto de una colina. Nada más llegar nos acoge un hospitalero francés de casi dos metros de altura, con un mostacho imponente y ojos azules, de una gran amabilidad, y nos ofrece unas galletas y un vaso de agua que agradecemos tanto Jean como yo. Nos toma la identificación y nos sella la credencial y mientras tanto conocemos y charlamos con un señor barbudo que lleva un chal sudamericano y que al decirle yo que venía de Barcelona, se me pone a hablar en catalán. Muy bien, por cierto.

– Es que yo estuve cuatro años en Catalunya.
– Pues aprendió usted muy rápido, lo habla estupendamente.

Este señor resultó ser el patrón del albergue. Creo que se llama Leonardo y parece que es o fue sacerdote. Nos emplaza a todos los peregrinos a una charla que dice dar todos los días a las siete de la tarde. Antes tomamos nuestro aposento. El albergue tiene en el exterior un pasillo con todos los servicios a la izquierda: lavandería, cocina, calefacción, biblioteca-bar, y una especie de capilla o sala de reuniones con largos bancos adheridos a las paredes y una serie de bungalows en madera a la derecha, uno de los cuales nos fue adjudicado a Jean y a mí. Está muy bien equipado, con baño y ducha, tres literas, una mesita- escritorio, sillas y una terraza muy agradable que parece del far west por su construcción en madera y su baranda.

A las siete fuimos a esa especie de capilla circular en la que vi pinturas que parecían al fresco y algunas frases en su parte inferior. Leonardo nos explicó el origen humilde de aquella casa, que construyó su abuelo apodado Peuto, la historia familiar que pasó por su emigración a Catalunya y también su historia personal que pasó por el sacerdocio. El espíritu de solidaridad, de hermandad, de respeto a la naturaleza, de ayuda a los necesitados quedó patente en su mensaje y también algunas de las acciones emprendidas para alcanzar esos fines. Las pinturas no recuerdo de qué buen pintor eran, pero las frases sí que recuerdo que pertenecen al obispo Casaldáliga.

Para mantener aquel albergue pide a los peregrinos la voluntad. Nos dieron una buena cena, compartida con argentinos, nórdicos, franceses, americanos y no recuerdo más. Muy agradable. La mañana siguiente disfrutamos también de un suculento desayuno, también en familia. Amaneció un día soleado, espléndido, aunque con la humedad nocturna del ambiente, una niebla baja creaba una imagen bellísima del valle que teníamos delante.

Con Jean emprendemos el camino hacia Santander. Jean es alto y enjuto, tiene piernas de alambre, grandes orejas y boca conejera y lleva siempre unas enormes gafas. Un gran andador, que afronta las cuestas arriba zigzagueando para hacer menos esfuerzo. Un gran aficionado a la floricultura y a la botánica en general, conocía los nombres de muchas de las flores que íbamos encontrando. Una gran persona, amante de la Naturaleza y la aventura. Me sabrá mal separarme de él. Seguimos nuestro camino por un acantilado verde, en el que aparecían de vez en cuando vacas o terneros de color pardo. De repente, acercándonos al borde se muestra asombrosamente bella la playa de Langre, donde vemos algunos surfistas y algunas autocaravanas. ¡Madre mía, qué belleza! Describe un arco perfecto, que bordeamos hasta el otro extremo para hacer alguna foto.

Y continuamos por el precioso acantilado viendo rocas alineadas en el mar, como si se hubiesen desprendido de las de tierra y algunas llegan a formar piscinas naturales. Con este día y estas vistas, me alegro de haber decidido coger el camino del norte.

Ahora descendemos hasta unas dunas grandes que nos conducen a una playa muy singular en cuyo extremo más próximo a nosotros hay rocas de las formas más plurales clavadas literalmente en la arena. Después, la playa de arena fina blanca se extiende una barbaridad, es larguísima: se llama playa de Loredo. La recorremos entera, pisando siempre arena mojada, caminar aquí es muy agradable, la marea está baja y la extensión es enorme y, una vez acabada se nos presenta una vista espectacular de Santander, hacia el oeste. Seguimos para volvernos a asombrar con la panorámica de otra soberbia playa: la de Somo, que recorremos también a pie. Creo que no exagero si digo que estas dos playas pueden alcanzar juntas los tres kilómetros de longitud.

Y al final de la playa, llegamos a la localidad de Somo, donde queremos coger el transbordador marítimo que nos acerque hasta Santander. Nos hicimos una foto en el embarcadero, que por cierto estaba lleno de gente, y puntualmente a la una de la tarde, zarpamos hacia la capital cántabra, no sin antes hacer una breve escala en Pedreña, una localidad bastante conocida, no solo por su atractivo turístico, sino también porque aquí nació el famoso golfista Severiano Ballesteros.

Antes de llegar ya veíamos algún edificio emblemático desde la embarcación, como la Fundación Botín o el palacio de La Magdalena. Paseamos un rato por el centro de Santander, en busca de algún lugar para comer, teníamos hambre. Preguntamos a unos jóvenes y les hicimos caso: "Muchachos, ¿algún sitio por aquí para comer bien sin que sea muy caro? "Pues hombre, no lejos de aquí tenéis "El Riojano". Pues allá que vamos, y ¡acierto!. Estaba el restaurante abarrotado, no teníamos donde sentarnos pero, mira por dónde, estábamos guerreando con nuestras mochilas en un rincón junto a una mesa de cuatro plazas ocupada por una pareja. Tuvieron la amabilidad de ofrecernos el compartirla y nos sentamos con ellos. Eran ingleses, sumamente simpáticos y amables, hasta el punto de que nos ofrecieron comer las sobras de sus platos, que no podían acabar. ¡Caray! Nos miramos Jean y yo y con el hambre que teníamos no dudamos ni un momento en dar finiquito a un delicioso resto de pescado y otro de carne, que habían sido respetados por el tenedor de los ingleses, mientras esperábamos al camarero. Hubo muy buen humor con ellos. Nos explicaron que habían venido a pasar el día en el ferry desde Plymouth y no entendí bien si se volvían ya para Inglaterra o esperarían algún día más. Me dio la impresión de que no era la primera vez que hacían la excursión. Luego nosotros, para rematar, nos pedimos unas rabas, unas croquetas de ibérico y una ensaladilla de la casa. Todo de rechupete, por eso digo que acertamos escuchando a los jóvenes.

Después de comer, tuvimos que despedirnos porque yo fui a visitar a unos primos y el día siguiente debía volver a Barcelona, mientras que él tenía pensado tomar un tren y llegar a Boo de Piélagos, donde tenía previsto albergarse, para continuar con su camino. La despedida la hicimos en la Fundación Botín, que él quiso visitar antes de tomar el tren. Fue entrañable. Me dio su dirección postal y electrónica. Le escribiré ¡Gracias por todo Jean ¡Buen Camino!
A las 9 del día 12, volvía en avión hacia Barcelona. Mi querido primo Pepe me acercó amablemente al aeropuerto.

SÉPTIMO TRAMO: DE SANTANDER A AVILÉS (SEGUNDO TRAMO DEL CAMINO NORTE)

Es jueves, 7 de abril, mi avión de vuelta a Cantabria sobrevuela Laredo y Santoña antes de tomar tierra en el aeropuerto de Santander, ¡qué bonito se ve desde aquí arriba en un día tan claro! Intento visitar la catedral y que me pongan el sello, pero está cerrada. Así es que me dirijo al albergue desde el que reanudo la marcha. Atravieso casi toda la ciudad, y me parece limpia, con paseos cuidados, hay muchas papeleras, paso por delante del Hospital Marqués de Valdecilla, un hospital de renombre donde trabaja mi primo, el profesor Olmos, es decir, Pepe. Paso rápidamente, no sea que me vea sin yo haberle dicho nada.

Voy hacia Peñacastillo y aquí me paro a tomar una cerveza sin alcohol y un café con leche, sin nada sólido porque no tienen nada. Uno se pregunta cómo puñetas puede ganarse la vida el dueño de un bar que ni siquiera tiene unas chips para tapear. Han sido dos euros con ochenta. Entre Peñacastillo y Santa Cruz de Bezana hago una foto a cinco asnos preciosos, que están bajo un gran árbol y que me inspiran el pensamiento malicioso y equivocado de que podrían constituir una delegación honrosa de nuestro Ministerio de Cultura. Veo muchas flores bonitas, silvestres en los bordes y cercanías del camino y otras cultivadas, en las macetas y parterres de los caseríos. Es primavera. El sol me acompaña, la temperatura es agradable. Sin embargo desde Monpía, después de pasado el castillo de Bezana hay una vista extraordinaria de los Picos de Europa completamente nevados. ¡Qué contraste! Hago una fotografía, es obligada. Llego a Boo de Piélagos, me quiero quedar hoy aquí a dormir. El albergue tiene buena pinta, se halla muy cerca de la estación de tren de vía estrecha. Hay dos peregrinos en la entrada descansando plácidamente, descalzos y tomando algo. Es la placidez del peregrino después de la caminata. Llegué cerca del momento de la cena que preparaba una pareja de hospitaleros para las 19:30 y acepté quedarme allí.

Fue una cena bien agradable con nueve compañeros muy variados, un americano, un belga, dos franceses, tres alemanes, dos suecos, entre ellos Marie, que me ha contado el motivo de su Camino, todos en torno a una misma mesa. Cenamos una ensalada de queso de cabra, un trozo de lomo ahumado y un flan o un helado para el que lo prefirió. Todo esto con un par de vasos de vino nos costó 10 euros. A la mañana siguiente desayunamos todos juntos de nuevo.

El albergue, como ya he dicho, está junto a la estación y henos aquí a todos esperando en el andén desde la primera hora de la mañana, para coger el primer tren hasta la siguiente estación ya que a poca distancia de aquí hay un puente para atravesar al otro lado de la vía, que es parte del camino, pero que está en obras y es peligroso para los peatones. Hay que llegar a Mogros y allí hay otro puente que nos lleva al otro lado para seguir el camino. Nos metemos todos en el tren, no pagamos ningún billete y justo ese día pasó un inspector, que al vernos nada nos dijo al saber la razón por la que viajábamos hasta la siguiente parada sin pagar. Una vez en Mogro, cada uno a lo suyo. El Camino es así; cada cual con su ritmo, poco a poco nos vamos separando hasta perdernos de vista.

Está nublado pero no llueve y la temperatura es muy agradable. Vamos hacia Santillana del Mar. En un descanso coincido con María, la chica sueca que va con su novio. Le pregunto. Me responde en un casi perfecto castellano, según me dice, tiene facilidad para los idiomas. Estuvo en Barcelona seis meses y habla también el inglés muy bien. No es una mujer muy religiosa, tampoco muy creyente ni es católica, pero le gusta la meditación que promulgan las diferentes religiones, tiene interés por santas cristianas, en particular por Santa Teresa de Ávila y su "forma de meditar". Busca en el Camino abrirse en general a los demás, abrirse en general a la reflexión, a la valoración de las cosas realmente importantes, ella cree que su mundo actual es estrecho, es pequeño, debe abrirse más. "Solo me preocupo de mí misma y de mi estricto entorno, creo que puedo encontrar a gente en el Camino que con sus vivencias me ayude en ese sentido". Es una joven delicada, educada, muy prudente.

Continúo junto con el sueco, el americano y dos alemanes por otro camino que creo que no es el oficial, pero ellos llevan GPS y no me quiero perder.

Veo de nuevo el mar y una playa con ría, la de Mogro, bella. Voy otra vez solo rezando el rosario mientras me miran unas vacas con cierto desdén. Deben estar aburridas por la postura en la que se encuentran: echadas en tierra perezosamente. Es primavera y veo flores por todo. Estos lirios son preciosos. Ahora fotografío una vista del río Saja. Estoy más animado, la rodilla parece que va respondiendo. El terreno no es agreste. Hay casas unifamiliares residenciales con bellísimas entradas y jardines espléndidos y diseños muy elegantes en esta zona muy próxima a Santillana, a la que llego en pocos minutos, pasando por delante de la famosa Colegiata antes de alcanzar el albergue, en el que un acogedor hospitalero me facilita una magnífica habitación para mí solo, a pesar de la enorme demanda que está habiendo estos días. En la recepción ya me anuncian que a las siete de la tarde estoy invitado a una reunión allí mismo para recibir la “bendición del peregrino”. Llego a una sala guiado por dos monjas carmelitas descalzas que vienen de Torrelavega y nos dan la bendición a los tres peregrinos que acudimos: un alemán, un holandés y yo. Nos permitieron participar en una oración compartida muy entrañable y finalmente nos enseñaron y explicaron un mural colgado en la pared llamado “la Trinidad piadosa” que es una reproducción preciosa de una original hecha en terracota por una carmelita suiza y que se encuentra en aquel país. Pero ésta está realizada con maderas encontradas en el mar. Me gusta muchísimo, y la fotografío.

Por la tarde doy un paseo por este precioso pueblo, entro en una tasca típica bajo unos soportales a tomar algo y me voy a dormir. La salida de Santillana, hoy 9 de abril, es espectacular, bosques de laurel, sotobosque espeso y variado, campos verdes ondulados, flores por doquier. Fotografío la iglesia parroquial de San Pedro en Oreña, que es enorme y tiene al lado un cementerio. Sigo hacia Comillas. Entro en la iglesia de Cigüenza, que es la de San Martín de Tours, yo creo que todavía es mayor que la anterior, con dos campanarios de techos piramidales de órdago. El interior es barroco. Entro aquí porque lamentablemente la inmensa mayoría de iglesias del Camino por las que voy pasando, están cerradas y en ésta se estaba preparando un funeral. Aprovecho para que me pongan la credencial. Hay muchos limoneros en Cigüenza porque parece ser que el clima aquí es “micro”. Desde Cóbreces hago una foto de nuevo al mar que veo al fondo. Me paro a comprar unos plátanos y un poco de queso de cabra y me siento en unos bancos junto a la capilla de San Roque a comer. Doy gracias porque mi rodilla está respondiendo bien.

Mira por dónde pasan por aquí de nuevo María y Henrick, su novio. Ella tiene una rotura fibrilar en el gemelo izquierdo y va a coger un autobús hasta Comillas. Cosas del Camino…

Cantabria es limpia y fresca y verde y playera. Desde un altozano hago una foto de la espectacular Comillas y de una de sus playas y caminando hacia la salida veo la torre del "Capricho" de Gaudí y paso por delante del Palacio de Sobrellano que construyó Joan Martorell. Pienso para mí que Comillas es un lugar para venir a conocerlo con calma. Un señor me dice que además aquí hay varias casas modernistas de Doménech i Montaner. ¡¡Anda!! ¡mira que bien! Admiro sin paliativos a Doménech. Fue un arquitecto genial.

Quise dormir aquí y visitar estas joyas.

Averigüé la ubicación del albergue. Llevaba detrás a un alemán, me despisto un momento en una esquina. El alemán me adelanta unos metros. Llego al albergue inmediatamente detrás. Le dan a él la última habitación. No tengo más remedio que seguir hasta San Vicente de la Barquera. ¡Y estoy hecho fosfatina! Cosas del Camino….Ala! tres o cuatro horitas más..!¡Y encima sin poder visitar Comillas!

Desde un puente azul con la barandilla del mismo color, hago una fotografía de la ría de la Rabia, ya estoy cerca de San Vicente. Llego muy cansado al albergue que está situado junto a la iglesia de Santa María de los Ángeles en un altozano con una vista impresionante de las rías. A mi llegada llevaba 9 horas y 45 minutos desde que salí de Santillana. Me espero media hora a la llegada de la hospitalera más agradable de todas las hasta ahora conocidas: Érika, catalana. ¡Qué simpatía! Conozco a un par de franceses y decido salir a cenar con ellos al bar Colón, recomendado por Érika. Uno es Bernat, de la

Bretaña, tiene 72 años, *bon vivant*, me comentó que hacía el Camino "para ver más y mejor" haciendo referencia a que es una oportunidad para adquirir una mayor amplitud de miras, conocer otros ambientes, más paisajes, más belleza y sobre todo a otras personas, y después, y esto me sorprendió, "para perder peso". De hecho, me dice "llevo 6 kilos perdidos desde que empecé en Irún. Y eso contando con que me encanta la comida española".

El compañero se llama Raphael, un hombre pelirrojo, de barba, ajustado en sus gestos y palabras, de mirada limpia y serena, hacía el Camino como forma de agradecer que saliera vivo de un tremendo accidente de tráfico que sufrió en su trabajo de camionero, al chocar frontalmente con otro camión. "Fue realmente milagroso y siento la necesidad de vivir la vida con toda intensidad y el Camino pienso que me puede ayudar, de hecho ya lo está haciendo, además es una terapia mental que necesito".

Cenamos unos mejillones, unos calamares a la andaluza y unos boquerones fritos, todo muy rico. Nos sirvieron una botella de Rueda excelente y al inicio unas cervezas. Y todo costó 52 euros, que dividimos entre los tres. A ellos les pareció poco y a mí también.

Exceptuando a Érika, el albergue de San Vicente, aun siendo privado, tiene ciertos déficits. No pude ducharme, no encontré papel higiénico, no había servicio de cocina, etc. Pero esto va muy bien para valorar lo mucho que tenemos y no apreciamos suficientemente en nuestra vida diaria.

Me despido con pesar de Érika, de Bernat y de Raphael y, a la salida de San Vicente hago una foto de los Picos de Europa que se ven al fondo, aún nevados, en una imagen de gran belleza. El día, muy soleado, contrasta.

¡Caramba! ¡Qué bien! Me encuentro con Samantha y me alegro mucho. Hoy me ha ayudado en el albergue, desbordante de amabilidad, al pedirle que buscara conmigo en la basura mi navaja que pensé me habría caído en la bolsa al vaciar de migas de galleta mi mochila y notar que algo consistente se había ido con ellas. Al final no fue la navaja pero ¡cómo se desvivió esa mujer volcando toda la basura y metiendo sus manos en la porquería sin reserva alguna, sólo con el afán de ayudar! ¡Y siempre con la sonrisa en los labios! Uno se ve muy pequeño cuando se encuentra con gente así. Bien, pues como digo me reencontré con ella y me alegré, porque me había quedado un pellizco cogido con la impresión de no haberle agradecido suficientemente su gesto amable. Fue a la salida de una cafetería en Serdio y allí estaba ella, tan joven y tan guapa. Y nos pusimos a caminar y a charlar juntos. Me explicó que ella quería hacer la peregrinación a Santo Toribio de Liébana y que a pocos kilómetros del lugar estaba el desvío. Me dijo que esa decisión fue la respuesta a una llamada interior, que era cristiana y que había iniciado el Camino francés pero que de repente, estando en Bruselas, de donde ella es, al despertar, un día sintió que debía ir a Liébana y "cogí mi mochila y aquí estoy". Llegamos al cruce, cerca de Muñorrodero, nos hicimos una selfie de recuerdo y me supo mal separarme de una mujer maravillosa como Samantha.

Ahora paso por la ría de Chufin, impresionante, con una entrada muy larga, ya que no puedo ver el mar desde el puente donde estoy. Hay una escuela de patín. Precioso. Llego a Pesués y luego a Unquera, en la desembocadura del Deva y entro en Asturias. ¡¡Bravo, ya en Asturias!! Por cierto, hoy es Domingo de Ramos y todavía no he encontrado ninguna iglesia abierta. No creo que esto sea muy normal. Paso por Colombres, que me parece muy señorial, con casas realmente hermosas. Sigo hacia adelante y me quedo en el albergue de Pendueles.

Es un día de mucho calor. Debo hidratarme. Estamos a 27 grados. Lunes santo. Salgo del albergue de Pendueles, donde he visto algunas caras conocidas, en particular la de un alemán muy parlanchín de Hamburgo, que me enseñó ayer una inflamación subcutánea que le aparece en la parte distal de la pierna cuando lleva unas horas caminando y que le impiden seguir por el dolor. La verdad es que no sé qué puede ser. Le recomiendo un antinflamatorio tópico y que vea cómo evoluciona.

Al salir tomo una senda que creo que no es la oficial, aunque indica que lleva a Llanes, que es adonde yo voy; es una senda que va junto a un riachuelo en un bosque de ensueño que acaba en una playita preciosa, casi virgen, con un único establecimiento algo apartado y un enorme abeto en el centro de la playa, nada lejos de la orilla. Ahora hay una subidita de aquí te espero, pero ha valido la pena el despiste, ya lo creo. Hago una fotografía de la iglesia de Vidiago.

Aquí todo es bello, un aire limpio, una luminosidad exultante y unas casas unifamiliares preciosas, de diseño, con jardines cuidadísimos. ¡Se respira tan bien aquí! Me acerco a Riego y veo una imagen de la Santiña Virgen de Covadonga y ahora desayuno en San Roque por fin en el bar Europa ,con precios especiales. Digo por fin porque el albergue de Pendueles no tenía ningún servicio, ni siquiera máquinas para tomar algo. El amable propietario del Europa me sirve dos cafés con leche, un "sobao" y un bocata de pollo con tomate y ensalada, además de dos grandes vasos de agua corriente, para hidratarme y para tomar mi medicación. ¿Sabéis lo que me costó esto? Pues cinco euros con veinte céntimos. Increíble ¿no?

Bonita playa asturiana camino de Llanes

Llego a Llanes, un pueblo que me impacta de entrada. Veo una casa de indiano con una escultura de Dalí, y luego otras casas preciosas y carteles que señalan lugares en los que se han celebrado rodajes de películas. El puerto es originalísimo con curvas en su entrada, como una ría con las curvas llenas de embarcaciones, y los barcos grandes al fondo. Me hacen una foto, vale la pena ¡Qué ambientazo aquí! ¡Mira qué casualidad! El alemán de la pierna saliendo de una farmacia con un Voltarén en la mano y la mar de contento. Me dice que le ha visto un médico que le ha recomendado ese tratamiento porque tiene una inflamación. "Tú me dijiste lo mismo", me dice en inglés. Le ha pedido 10 días de descanso, él le ha contestado que eso es imposible haciendo el Camino y entonces ha bajado a cuatro, "pero ya veré qué hago". Me sabe muy mal no haberle preguntado su nombre.

Llego a la preciosa playa de Celorio, hay un mirador con vistas de fotografía y aquí me pongo a descansar.

Ahora paso por la playa de Barru, pequeñita pero muy bonita también. Hay hoteles ideales prácticamente metidos en estas playas.

El final del día fue bastante fuerte. Me quedé sin batería en el móvil, aunque pude informarme de que no había cama en Nueva, que era mi destino. Tuvo que ser mi amiga Ángela desde Barcelona quien me reservara una en Piñeres de Pría, a tres kilómetros de Nueva, pero en esos tres kilómetros me cayó una tormenta de agua de las que se recuerdan. ¡Y yo que me hago sistemáticamente un lío con la capelina cada vez que me la tengo que colocar! En fin, llegué a un primer albergue que no era y que también estaba lleno, y tuve que seguir un kilómetro y medio más, bajo la lluvia. Llego a una bifurcación y no sé por dónde seguir. Viene un coche y lo detengo plantado en medio de la carretera. Es una familia: matrimonio y un hijo. Les pregunto por si son del lugar. Nada de eso, vienen de Madrid y son de una generosidad total. Él deja el coche cruzado en la carretera y empieza a buscar en su GPS el dichoso albergue. Ella es ciudadana rusa de San Petersburgo y el pequeño se llama Nikita. Todos entregados a la causa y yo, muy apurado además de empapado. Al final localizo el teléfono del albergue y se pone Manuel el Hospitalero y me dice que están arriba de una colina allí cerca y le digo que ya no puedo más, que llevaba once horas caminando y entonces el madrileño me hace subir al coche contra mi voluntad porque iba empapado y me lleva al dichoso albergue y me salva de la extenuación. Esta familia tenía prisa pero dio prioridad a la ayuda al peregrino, que era yo. Sí, hay gente buena por el mundo. Y esta pareja practicó conmigo una obra de misericordia.

El albergue de Manuel muy humilde pero limpio y con las mejores duchas del tramo. Unas duchas que estaban en un patio descubierto pero que funcionaban muy bien. Recuerdo gratamente lo relajante que fue el rato que estuve allí, bajo el chorro de agua templada. Cuando acabé y salí pensé que, si lloviera, me ducharía dos veces, la segunda con agua de lluvia. El albergue es de la iglesia de San Pedro, que está aquí al lado y Manuel viene a cuidarlo desde Barcelona, creo que desde mayo hasta octubre. Una habitación con una cama humilde, pero donde descansé plácidamente. Desayuné lo que había comprado en Nueva y proseguí hacia Ribadesella. Era tan plácido todo que me paré un momento y escribí lo siguiente:

Sábado que amanece con una suave y húmeda bruma,

bucólica mañana en la campiña asturiana.

¡Cuánta flor!

¡Cuánto verdor!

¡Cuánto silencio, solo roto por el rumor del viento y el del enésimo arroyuelo!

Y más silencio y más verdor y una nueva bellísima flor.

En el clamor de este silencio, solo echo a faltar tu voz.

Al poco me encuentro con un bilbaíno amable y simpático que, tras responder a mis buenos días, deja su casa, se une a mí y me dice que si quiero acompañarle por un sendero distinto pero precioso que acaba de nuevo en el Camino. Y le digo sorprendido que sí, naturalmente. Este bilbaíno se llama Goyo y me anuncia que vamos a ir por un sendero a lo largo de la parte final del río Guadamía, un camino que suele recorrer paseando con su perro. De entrada me fotografía junto a un bello puente medieval, donde empieza el sendero. Seguimos adelante y me anuncia que al final hay una playita. Vamos a ver. Esta vegetación es asombrosa, ¡Qué belleza! De repente nos sobrevuela una garza. ¡Qué arbolado! Y el murmullo del agua del río, que baja abriéndose de vez en cuando en varios brazos, con caídas, pequeñas cataratas que intensifican el sonido dentro de un silencio maravilloso. En algún tramo la vegetación permite el paso de rayos de sol que van dejando un espectro de luces diferentes en función del color de las hojas que atraviesan y de la tierra adonde llegan. Creo que éste es el tramo más bello de los muchos que ya he podido contemplar en mis más de setecientos kilómetros de marcha. Al final el río se abraza al mar en una playa preciosa que se llama también de Guadamía, entre peñas a uno y otro lado. ¡Y todo salvaje! Ninguna casa, ninguna persona, ningún ruido, ¡el paraíso!

Goyo me devuelve al camino no sin antes enseñarme desde unos acantilados espectaculares dónde se encuentran los famosos "bufones", rocas con orificios que desde la superficie llegan al mar y por los que sale con gran fuerza el agua cuando hay viento y olas que la empujan por el boquete.

¡Me gustaría volver a este lugar!

Una despedida con abrazo. Ojalá hubiera muchos Goyos en el mundo! Y unas caricias a Fito, un cariñoso, fiel y simpático perro de agua (¡cómo nos lo demostró con sus baños!), que nos acompañó en este maravilloso recorrido. En dos horas y media entraba en la bella Ribadesella.

Final del rio Guadamía

Camino de Ribadesella

La bella Ribadesella

Curiosamente aquí no hay albergue, de manera que me alargué hasta el de San Esteban de Lece, a unos 5 Km. Una vez acomodado cogí un taxi hacia Ribadesella de nuevo, adonde llegué a la hora de comer. Sopa de picadillo, después una tremenda fabada asturiana (me serví plato y medio), seguido de deliciosos escalopines con cabrales para acabar con una torrija, además de vino blanco y café. Todo por 17 euros. Muy bien, ¿no?

Fui de paseo por el pueblo, pero no pude ver las célebres cuevas prehistóricas de Tito Bustillo, porque estaban cerradas. Sin embargo disfruté de varios paseos junto al estuario del Sella, muy agradables. Volví en bus a San Esteban. El día siguiente, tras el desayuno, un alemán hablador me explicó el funcionamiento de los palos telescópicos que utiliza para ayudarse a caminar. De fabricación alemana. Dice que tras un primer camino desde el Norte de Alemania, (este es su segundo camino) se le desgastó uno de ellos, y lo envió a la fábrica. Allí se lo repararon, sin coste alguno y le dijeron que aunque estaban seguros de que le durarían toda la vida, al tener una finalidad tan noble, le repararían el bastón una y otra vez, si fuera necesario. Anécdotas. Te quedas un poco "pasmao" cuando un desconocido te explica historias así, pero a él le ha gustado que le escuchara. Y para mí ha sido divertido.

Salgo hacia Vera y me pierdo. Pero no me arrepiento, es un camino precioso. Me encuentro con Nereo y con Alfons, el primero de Altafulla y el segundo de Girona. Nereo está estudiando uno de sus últimos cursos de Economía y Alfons es ya ingeniero. Los dos muy jóvenes. Pasamos por una playa fantástica que se llama Arenal de Morís e hicimos unas fotos. Al reanudar la marcha les pregunté por qué hacían el Camino. Alfons me dice que hace poco dejó la relación con su novia y que le habían aconsejado hacer el Camino del Norte por su belleza. Él piensa que tras el disgusto de la separación, el Camino le puede ayudar a reflexionar. Y, curiosamente, al preguntar a Nereo me dice que él también lo dejó con su novia hace aproximadamente un mes y, como creyente que es, piensa que el Camino tiene un componente espiritual que le puede ayudar a decidir lo que Dios quiere de él para su vida. Avanzamos unos pocos kilómetros y, al llegar aproximadamente a la mitad del recorrido, me dicen que han adoptado como costumbre en ese momento rezar el rosario y que me invitaban a hacerlo yo también. La verdad es que tanto el hecho como la invitación me chocaron fuertemente. Yo empezaba a creer que los jóvenes ya pasaban del rosario, pero no es así o, al menos, no del todo así...

Movido por la grata sorpresa les dije que sí y recé con ellos mi primer rosario en catalán. Las jaculatorias las llevaban en el móvil, no se las sabían de memoria.

Nos despedimos con un abrazo y pedí a un peregrino alemán que nos hiciera una foto que guardo con cariño. La fe continúa al menos en una parte de la juventud, ¡albricias!
Hago unas fotos de la playa de La Mesiella y después otras de la maravillosa playa de la Espasa. Espectacular.

Playa de la Espasa

Entrando en el pueblo de Colunga me meto en una iglesia y me como, sentado en un banco, unas cuantas mandarinas. He fotografiado el retablo que me ha llamado la atención. A la salida conozco a un valenciano de cerca de Játiva que se ha perdido como yo. Se llama Marcel. Tenemos que dar una vuelta considerable campo a través para retomar el camino. En mitad del campo tenemos que saltar una valla electrificada que perfila un terreno con vacas y terneros de grandes cornamentas que empiezan a seguirnos pertinazmente, lo que nos produjo un cierto temor.

“Estos bichos no atacan, ¿verdad?”, nos íbamos diciendo el uno al otro como para autoconvencernos. Y no pasó nada, se limitaron a seguirnos, aunque en todo momento los íbamos vigilando de reojo, sin fiarnos ni un instante.

Marcel, que se dedica al comercio de la madera, me comenta que ya ha realizado el Camino cuatro veces y que la razón es triple: por un lado desconectarse del stress del trabajo, en segundo lugar para disfrutar de la Naturaleza haciendo ejercicio “porque ésta es una forma ideal de hacer ejercicio”, y por último “para disponer de espacio para reflexionar y tomar decisiones que difícilmente se pueden tomar en el día a día”. Y continúa contándome que en su segundo Camino tomó la decisión “muy difícil por cierto” de separarse de su esposa. ”Y ahora veo que esa decisión fue plenamente acertada”, añade.

Tomé sus datos al decirme que no tenía ningún inconveniente en aparecer en el libro. Marcel avivó el ritmo y ya no lo volví a ver.

Por la tarde llegué a Priesca y a la entrada veo un albergue muy cuidado ,con mesas en el amplio jardín y algunos peregrinos descansando tirados en la hierba, descalzos, entre los cuales había una joven pareja con una pequeñina preciosa que tendría dos o tres meses, a lo sumo, jugueteando sobre una mantita. Los papás se llaman Sergio y Eva, y la muñequita Elia y hacen el Camino justamente para celebrar el nacimiento de esta lindísima y sonriente criatura. ¡Chapeau, qué valientes! Así es que aquí me quedé. Es el albergue de San Salvador. La casa magnífica, limpia y magistralmente organizada por las encantadoras hospitaleras Susana y Rosa. Me ofrecen una habitación para mí solo, me enseñan los baños y duchas, perfectos, y la cocina donde puedes adquirir de todo:

conservas, hortalizas, legumbres, pasta, caldos, en fin, todo lo necesario para prepararte un buen plato en la propia cocina. Y todo a un precio más que asequible.

Acabo de ordenar mi mochila y oigo la invitación por parte de Susana a conocer la iglesia de San Salvador que está aquí al lado. Rosa se ofrece a hacer de guía y yo me apunto de inmediato.

Es una pieza extraordinaria, la única iglesia prerrománica del Camino, nos dice Rosa, del siglo X, con tres naves y restos de pinturas murales y capiteles de mucho mérito. Éramos al menos siete u ocho peregrinos en la visita. Muy interesante.

En la cena coincidí con tres alemanes y un húngaro, gente agradable por demás, que habían estado también en la iglesia. Los alemanes son Thomas, su hijo Yannick, su amigo Werner y el húngaro Akosh. Nos hicimos una foto juntos.

Antes de cenar me di una vuelta por el pueblo y disfruté viendo hórreos típicos asturianos, todos distintos pero al mismo tiempo todos cortados con el mismo patrón.

Durante la cena pude comprobar que tanto Thomas como Yannick hablan un muy buen castellano y el buen sentido del humor de Thomas, que me explicó algunas anécdotas del camino de su hijo, mientras él mismo se partía de risa mientras lo contaba.

Se ve que Thomas, que ya ha hecho una vez el Camino acompañado de su gran amigo Werner, invitó a Yannick a hacer un tramo, creo que desde Bilbao hasta Gijón, para que valorara la experiencia y decidiera si se animaba a hacerlo completo algún día. Y explicaba entre risas que Yannick había venido de Volsburg, donde estudia, muy mal preparado, con ropa, calzado y calcetines inadecuados y con un neceser lleno de colonias y champús y otros artículos de perfumería "totalmente innecesarios aquí". Sí, y se partía de risa, una risa que nos contagiaba a todos, incluido el propio Yannick. Nos explica Thomas que desde Gijón, Yannick tomará un autobús hasta Santiago y desde allí volverá a Alemania. El padre le hace hablar y el joven nos dice que le está gustando la experiencia y que cree que sí hará el Camino algún día. O al menos la distancia mínima para conseguir la Compostela.

En el recorrido desde San Salvador a Sebrayu atravieso un riachuelo por un puentecito cercano a una aldea y allí veo espachurrados en la carretera decenas de cuerpos de ranas que habrían sido chafadas por los coches, supongo. Lo que no sé es por qué estaban allí.

Poco después disfruto atravesando un bosque de álamos blancos, antes de entrar en Sebrayu. Aquí pernoctamos los amigos alemanes y yo, en el albergue.

Al día siguiente, 14 de abril, jueves, salimos prontito los cuatro y en una hora y media más o menos nos plantamos en Villaviciosa, donde paramos a reponer fuerzas: un buen bocata y un café con leche. Le paso el móvil a Yannick para que intente arreglarme el WhatsApp, pero sin éxito.

– No entiendo lo que le pasa – me dice.
– Pues anda que yo…

En fin, lo que sí pude hacer fue fotografiar la iglesia románica de las afueras con un ábside precioso. Es la iglesia de Amandi.

Thomas es el padre de Yannick. Trabaja en una importante empresa alemana como Jefe de Personal, tiene 52 años y tres hijos. Uno de ellos sufrió un accidente con 20 años. Otro es diabético desde los 14 y después está Yannick, que estudia economía.

Me explica Thomas que en Alemania lo habitual es que los padres paguen todos los gastos a los hijos hasta que estos se independizan porque empiezan a ganar dinero.

Su íntimo amigo Werner ha hecho varias veces el Camino, es un entusiasta caminador, trabaja en la banca en Karlsruhe y siempre resalta que lo que más le llena es caminar con su amigo Thomas pero que sea por el Camino de Santiago.

Thomas me dice que hace el Camino fundamentalmente para relajarse. Su trabajo es de mucha responsabilidad, muy estresante, y el camino le va muy bien para disfrutar de tiempo, aclarar ideas y serenar su mente.

– Esta es mi razón principal para hacer el Camino.

Antes de llegar a Peón, subimos los cuatro el Alto de la Cruz, de más de cuatrocientos metros. Nos avisaron ayer de que probablemente es la subida más empinada y prolongada del Camino Norte. La verdad es que hay tramos de senda con cuestas muy pronunciadas, pero superamos bien la prueba. Estoy muy satisfecho de mi rendimiento. No quiero presumir, pero subí con cierto desahogo y llegué en buenas condiciones arriba. Media hora después llegamos a un restaurante-merendero-bar que es de Peón y se llama Pepito. Allí paramos a tomarnos una cerveza y a telefonear al albergue que está a dos kilómetros, monte arriba. Se había encargado de reservar Thomas y en un rato vendrán a recogernos.

En efecto, a los pocos minutos se acerca una furgoneta conducida por David, un amable y simpático hospitalero del albergue “La

Giralda" y, en unos minutos nos deja en el porche junto a la entrada del recinto. Es un magnífico albergue que lleva David con su hermano gemelo Daniel y con la madre de ambos. Desde el primer momento se respira aquí un ambiente familiar, de acogida amable y buen humor.

Dejo mis cosas en el dormitorio y, de repente, me doy cuenta de que no encuentro mi móvil. Los dos hermanos se desviven buscando bajo las piedras conmigo, por todas partes hasta que se me ocurre que quizás me lo dejé en el bar Pepito. Como un cohete sale disparado David con la furgo a ver si estaba allí. En efecto, allí estaba. Pero nada más recuperarlo llamó a su hermano para que éste me tranquilizara. Es lo que digo de la gente especial.

Esto más que un albergue parece una casa de campo-mesón enorme, con un comedor espléndido, mesas grandes donde nos disponemos a cenar lo que nos ofrezcan. Que no fue poco: de primero una sopa de pan con huevo y alguna hierba, quizás berros o acelgas o espinacas, de segundo lomo adobado a discreción (yo me tomé cuatro trozos) acompañado de una ensalada con un tomate que sabía a delicia (la madre nos dijo que los cultivan ellos y ya lo creo que se nota que debe ser así, este tomate no tiene nada que ver con el que compras en el super) para acabar con un kiwi que sabía también a gloria y que también cultivan ellos. El resto de las instalaciones, dormitorio, baños (con secador de pelo), duchas etc... todo en perfecto orden, ¡ah! Y un jardín fabuloso donde tomar el aire y el silencio.

La estancia, con la cena y el desayuno incluidos, costaba 20€. Esa noche dormimos trece peregrinos allí. ¡Lo encuentro tan asequible!

Estos albergues donde el orden, los servicios y la limpieza son exquisitos me da a mí la impresión de que son más respetados por los peregrinos, como si ello nos indujera a ser más cuidadosos y a mantenerlos en condiciones.

Antes de salir a la mañana siguiente escribí una biblia de halagos para la familia en el libro de huéspedes, quizás me pasé, pero me salió del corazón agradecerles el trato familiar que recibí y les felicité por el que sin duda, ha sido uno de los albergues más agradables de los que yo he conocido hasta ahora.

Sigo camino hacia Gijón. Mis amigos alemanes han madrugado bastante más que yo porque Yannick tiene que tomar un bus al mediodía en la capital para ir a Santiago y desde allí volver en avión a Alemania, y no quieren llegar tarde.

Poco antes de Gijón, a la altura de Cabuenes, veo mansiones preciosas, casas de diseño asombrosas, me sorprende gratamente ver algo así por aquí, la verdad. Como era Viernes Santo, no pude encontrar alojamiento en Gijón y se me ocurrió llamar a Thomas para preguntarle si ellos habían encontrado. Y aquí vuelve a aparecer la solidaridad del Camino: Thomas me preguntó si éramos amigos y le contesté que sí, claro. A continuación que si lo que hacíamos era el Camino. "¡Pues claro!" respondí otra vez.

– Entonces tú vas a dormir en nuestra habitación esta noche, porque eres un amigo y porque haces el Camino con nosotros, ¿te parece bien?
– ¡Pues no sabes cómo te lo agradezco! ¿ Pero cómo lo hago?
– Reservé una habitación de tres camas por si acaso y como Yannick se irá ahora, pues tienes una cama para ti.

– Jolines Thomas, muchas gracias otra vez. Dame la dirección si eres tan amable. Yo ya era amigo vuestro, pero desde ahora ¡aún lo seré más!

Y así pude dormir esa noche en el Hospedaje Don Pelayo, en el casco antiguo, junto a Thomas y a Werner.

Al mediodía les acompañé a despedir a Yannick, después de hacernos una foto los cuatro en la puerta del Don Pelayo, luego comimos juntos frente a la hospedería y por la tarde estuvimos en la emotiva procesión del Santísimo Entierro, compuesta de tres pasos. Mis amigos la siguieron con un enorme respeto. Antes, estuvimos orando en la iglesia de la que partió que, por cierto, tenía un Cristo en el altar realmente imponente.

La cena, de viernes santo, fue de abstinencia pero no de ayuno. Nos tomamos una cazuela de marisco con langostinos, gulas, mejillones, vieiras y pescado de roca, luego unos chipirones en su tinta, unos pimientos rellenos de atún y por último unas vieiras riquísimas hechas a la plancha. Todo esto, con la bebida costó 75€. Mis amigos me dijeron que era muy poco, teniendo en cuenta la calidad del género. Me quisieron invitar, pero yo me negué a aceptar, e hice valer la costumbre nuestra de repartir costes, lo que les pareció muy bien.

Tengo toda la impresión de que Thomas y Werner aman España y aman verdaderamente el Camino. Admiro cómo planifican entre ellos la siguiente etapa y como hablan de pueblos y albergues que están más allá de la etapa inminente. Son auténticos alemanes ¡organizados! ¡Y recuerdan nombres complicados de pueblos que yo sería incapaz si se tratara de nombres alemanes!

Salimos de Gijón los tres, camino de Avilés. ¡Mira, un hórreo con seis pilares! Luego vemos muchos más, todos diferentes, pero todos con la misma personalidad, la propia de Asturias. Les decía a ellos que si yo tuviera la oportunidad de diseñarme mi propia casa, haría algo muy parecido a un hórreo asturiano, entre otras cosas porque tendría luz solar todo el día. Y flores, muchas y bonitas.

Un par de hórreos del camino: se encuentran a docenas

Hago un foto de la iglesia de Santa Eulalia del Valle. Nos paramos a tomar algo en una terraza soleada y casi nos da un ataque de risa a Werner y a mí, porque los dos quisimos pagar. No sé cómo lo hicimos que yo le di un billete de 20€ para que él pagara y él me dio otro, un poco más tarde, que tenía en su mano de 10€, de manera que creí que este billete era el cambio de los 20€. Cuando reemprendemos la marcha se me ocurrió despedirme de la chica que nos atendió.

– ¡Hasta otra, muchas gracias!
– Buen Camino, ¿pero a mi quién me paga?

Werner y yo cruzamos nuestras miradas como diciendo ¿pero no has pagado tú?

– ¡No! Yo creía que lo habías hecho tú, jajaja – la gran carcajada, también por parte de la chica, quien, por fortuna, se lo tomó con buen humor.

Hacemos un alto poco antes de Avilés para beber agua en una mesa con bancos habilitada para los peregrinos y allí me enseñan, tanto Werner como Thomas, un secreto que llevan en común y que me alucina: la cruz de Santiago, una enorme cruz idéntica que llevan consigo no puedo decir cómo ni dónde, pero que me impresiona sobremanera. Esta pareja se toma muy en serio lo del Camino. Y también su amistad.

Entramos en Avilés con la ayuda de un muchacho amable y servicial que encontramos en la calle, José Antonio, que nos llevó hasta el albergue. Aquí pernoctarán ellos. Yo regreso a Barcelona en avión, y mis amigos que van a continuar hasta Luarca antes de regresar a Alemania, me quieren acompañar a la estación del bus al aeropuerto, pero me niego. Están cansados y lo que deben hacer es tomar una ducha, descansar e irse a pasear por la ciudad.

La despedida fue la esperable entre amigos. Pero, eso sí, nuestra relación de amistad debe y va a continuar. Ha sido una suerte el conocernos. Vale la pena mantener los lazos de unión con este tipo de personas. Hasta la vista Thomas y Werner. ¡Buen Camino hasta Luarca!

Y el bueno de José Antonio me acompañó hasta la estación.

Indicadores del Camino

OCTAVO TRAMO: DE AVILÉS A TAPIA DE CASARIEGO
DEL 15 AL 20 DE JUNIO DE 2022
(TERCER TRAMO DEL CAMINO NORTE)

Reemprendo el camino de nuevo en Avilés adonde llego por la tarde. Entro en una plazoleta que se llama del Carballo (que es roble en gallego) con una iglesia románica muy bonita, al menos por fuera, llamada iglesia vieja de Sabugo, del siglo XIII, según veo en una placa informativa. También paso por delante del palacio de Avilés, un hotel de 5 estrellas que tiene su puerta de entrada engalanada con una enorme corona de flores y detrás está la imponente iglesia de los franciscanos, apaisada y con una torre campanario de cuatro pisos. Delante del palacio está el elegante edificio del ayuntamiento, que fotografío. Todo hace de la plaza donde se encuentran estos edificios, un conjunto señorial, de ciudad con clase.

Llego al albergue, que está muy animado. Este albergue se llama de "Pedro Solís" y en una placa de cerámica que hay a la entrada se lee que este señor fundó el albergue-hospital en 1513 para dar al peregrino "cubierto, cama y fuego".

Conmigo somos veintiséis los peregrinos que pernoctamos esta noche: no está mal. Hay una sola nave repleta de literas y allí dormimos hombres y mujeres sin distinción alguna. Los baños, ésos sí, están separados.

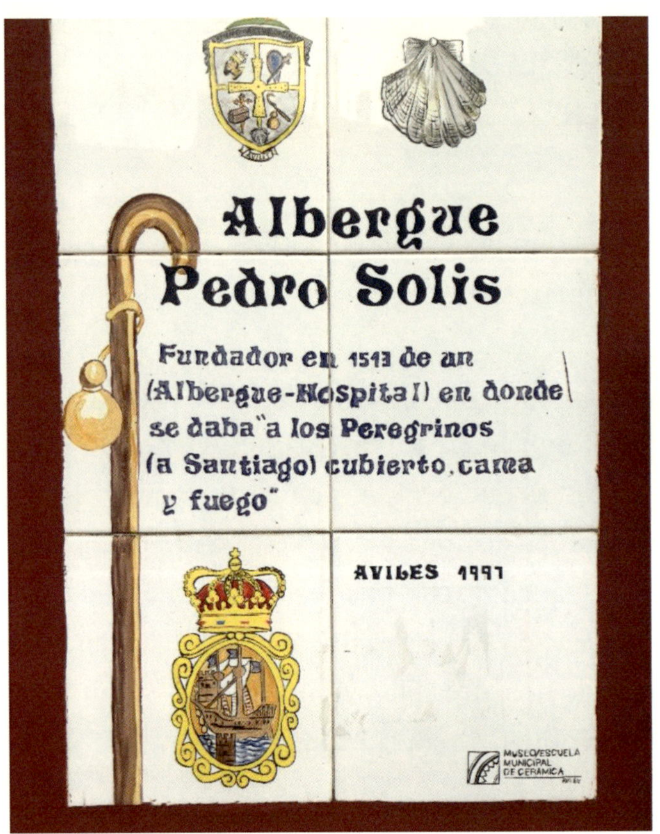

Albergue de Avilés

Hoy es jueves 16 de junio, día del Corpus. Salgo de Avilés y a la media hora conozco a “Taisho”, un perro cane corso enorme, negro, precioso, que, según su dueño era utilizado por los romanos como perro auxiliar en el circo, y que ahora es perro de presa. ¡Qué bonito!, no había visto ninguno igual.

Paso ahora por un bosque verde de alisos, robles, laureles, olmos, un sotobosque de helechos de al menos un kilómetro. El agua corre por un arroyuelo, el día es caluroso, pero aquí vence el frescor.

Me encuentro con una peregrina cerca de Piedrasblancas y me cuenta que es norteamericana, se llama Patricia Mosenthal.

– Patricia, además de hacer mi Camino, estoy preguntando a algunos peregrinos con los que me encuentro por qué lo hacen ellos. Tengo la intención de publicar, o al menos de escribir, los testimonios recogidos. Así es que te traslado la pregunta también a ti.
– Mira, para mí es importante decirte en primer lugar que aquí, la gente no está tan "azuzada" como en los Estados Unidos: allí trabajamos mucho, en jornadas muy prolongadas y aquí veo que ustedes tienen otro estilo de vida, que yo prefiero.
– Vivimos con más calma, quizás... porque aquí también se trabaja....
– Sí, claro, pero por ejemplo, ayer noche, en Avilés, salí a tomar una copa de vino y vi que todo el mundo estaba en las terrazas tomando algo. Veo que los españoles disfrutan de la vida. En Gijón la playa estaba llena de gente: familias, jóvenes jugando a voleibol, haciendo surf, estudiantes jugando a fútbol, disfrutando de la playa y de la vida. También veo que los españoles se ríen mucho y hablan mucho y esto no suele ser así en los USA, en general allí somos más serios y reservados. Por ejemplo, en el transporte público, aquí la gente habla entre sí y se ríe, hay más comunicación entre las personas. Así es que me gustaría captar algo del estilo de vida español"
– ¡Jajaja, eso está bien! ¿Tú eres cristiana?
– Sí, lo soy, y ese es un aspecto importante en mi decisión de hacer el Camino. Intento mejorar mi vida cristiana a través de él, es un reto para mí. Aunque no tenga un "packet-list" en mi vida, sí ha sido siempre una ilusión y un objetivo intentar hacerlo. Y espero que me dé bienestar tanto de alma como de cuerpo. Por cierto, con el

confinamiento por la COVID gané mucho peso y ahora espero perderlo.

– Puedes estar segura de que lo perderás. ¿De dónde eres?

– Soy de New Hamphsire.

– Hablas muy requetebién el español.

– Es que soy profesora de español en una escuela privada de esquí, académica. Los estudiantes son esquiadores alpinos, saltadores, atletas de la nieve.

– ¡Vaya, qué curioso!

Me acerco con Patricia hacia Renon atravesando un bosque de eucaliptus muy espeso que nos permite avanzar sin tantísimo calor como el que tendríamos sin la sombra de estos enormes árboles.

Fotografío el castillo que está a orillas del río Nalón, y, enfrente, al otro lado se encuentra Muros de Nalón, donde paramos a tomar un refrigerio, sedientos como íbamos. Ella se queda en un bonito hotel y yo sigo adelante hasta el albergue de Muros.

Hoy es 16 de junio, jueves. Salgo del albergue llamado "La naranja peregrina" de Muros. Lo lleva un austríaco de espíritu germánico llamado Rafael, y es de lo más eficiente y servicial que uno pueda encontrarse, siempre dentro de su seriedad. Tiene su albergue limpísimo. Está pendiente de él las 24 horas del día. Pequeño pero muy completo. Rafael no es pequeño, mide casi dos metros y le obsesiona que entres en el albergue con las botas sucias del camino.

– Hay que descalzarse y dejar siempre las botas a la entrada.

Me dio una información muy precisa para coger el tren de vía estrecha que me llevaría por la tarde a Cudillero, un pueblo próximo que me habían recomendado conocer repetidamente. La estación de Muros es como las del Far West. Allí no había ni una alma y me pasé en el andén esperando solo más de media hora sin que apareciera humano, bicho viviente ni tren ninguno.

Y Cudillero simplemente me encantó. Un pueblo pintoresco con casas de colores que parecen colgadas y que se escalonan de arriba abajo forrando los dos lados de un cañón que llega al puerto prácticamente. Bonito de verdad.

Cené en el albergue con cinco alemanes, tres austríacos, dos italianos que son matrimonio y un suizo y fue todo muy correcto. Hablaban poco. El que más lo hizo fui yo, sobre todo con los italianos, claro.

Salí de Muros una hora más tarde de lo previsto, a las ocho y cuarto, porque me quedé en la litera un rato más de lo habitual después de despertarme. Y eso que dormí bien. Oí un par de veces los resoplidos de un vendaval que se levantó por la noche, pero duró poco.

Después del desayuno Rafael me dio los teléfonos y direcciones de dos albergues, el municipal y uno privado, de Cadavedo, donde quiero dormir esta noche. Y además me entrega una hoja con datos estadísticos y gráficas sacados de la actividad cotidiana de su propio albergue entre los meses de abril y junio de 2022. Entre otros datos os destaco los siguientes:

Las nacionalidades de los peregrinos que pernoctaron con más frecuencia fueron la española (25%), la alemana (24%), la francesa (10%), la italiana y la holandesa (6%), la estadounidense(4%), la austríaca, inglesa y suiza (3%) y a continuación un montón de países como Bélgica (2%), Suecia, Sudáfrica, Dinamarca, Brasil, Portugal, Canadá, Hungría, República Checa, Lituania, Estonia, Finlandia, Corea, Japón, con un 1%. En cuanto a sexos, un 54% era masculino y el 46% femenino. La edad media fue de 48 años, la edad mínima de 17 años y la máxima de 85 años. ¡Impresionante!

Lo dicho: atención y servicio, eso regala Rafael a sus huéspedes.

El día está algo nublado. La temperatura, ideal. Mejor para caminar. Cadavedo no está cerca.

He conocido en el albergue a Kurt, un suizo que me resulta chocante: permanece impasible, mirándote a los ojos fijamente, sin decirte nada, sin responder, con una mirada limpia, pero siempre callado. Me cae bien este Kurt que me ha recordado a los japoneses, cuando te miran impasibles pero amablemente al encontrarse, sin entender ni papa, en un ambiente distinto del suyo habitual.

Poco después de Muros entro en una senda boscosa rodeada de castaños, eucaliptus, robles, muy umbría, preciosa, de las más bonitas que haya visto hasta ahora.

Llego a El Pito y me sorprende el fantástico Palacio de los Selgas y su jardín cuidadísimo, la escuela y una iglesia de estilo nórdico pero de bellas proporciones. Sería, ésta de los Selgas, una familia de alto abolengo a tenor de lo que han dejado aquí.

A unos cinco kilómetros antes de llegar a Soto de Luiña veo una playa apoteósica que no sé cómo se llama. ¡Qué paraje, madre mía!

Está muy protegida, con peñas a uno y otro lado que la abrazan. Se llama concha de Artedo, ahora lo veo en un cartel, y tiene un riachuelo que acaba aquí. ¡Qué paraje! Un bosque y un riachuelo que llegan a la misma playa. Y los pajarillos trinando sin cesar. ¡No hay nadie aquí!

Todo el tramo hasta Soto de Luiña es una sucesión de bosques de castaños, nogales, laureles, robles, y un sotobosque plagado de verde, de lo más impactante y bello.

En Soto visito el célebre conjunto de la iglesia de San Pedro y la Rectoría. Es un decir porque estaban cerradas por reformas. Pero me hago una foto en la imagen que hay al lado del Santiago peregrino atendiendo a un enfermo, porque esto era un antiguo hospital medieval del Camino. Como en la Tasca de Luis un bocata de chorizo y queso con unas aceitunas y una clara de limón, frutos secos y dos cafés con leche. Y descanso un rato.

Y a la salida me encuentro con Kurt, que entraba. Te mira, no dice nada, impertérrito, así es Kurt.

– Hola, Kurt.

Y él responde con su mirada. Nada más.

Me quedan aún veinte kilómetros para Cadavedo. Voy a entretenerme menos porque tengo que llegar a dormir allí.

Me despisto, tomo un camino equivocado para salir. Menos mal que un señor que iba en su coche se detiene y me pregunta adónde voy.

Hacia Cadavedo.
– Pues se equivoca usted. Tiene que volver atrás y tomar aquella otra calle.
– ¿Está seguro? Juraría que he visto una señal hacia aquí.
– Sí. está mal orientada. Pero fíese de mí, soy el que pinta las señales de amarillo de esta zona del Camino.
– ¡Caramba! Entonces no me cabe ninguna duda. Vuelvo para atrás. ¡Y muchas gracias!

Retrocedí y reanudé el camino correctamente.

Atravieso un largo túnel, estrecho y sin luz, por el que pasa algo parecido a un riachuelo. La luz interior no se enciende y tengo que pasar casi a ciegas y con alto riesgo de resbalar. ¡Qué fuerte!

Llego a Novellana con mucho calor. Novellana fue considerado el pueblo más bonito de Asturias hace unos años. Esto está lleno de hortensias. Paso por Castañedas, que está en la costa, el camino que he escogido. Muchas subidas y bajadas, preciosas pero pronunciadas y bastante agotadoras. Me paso de largo la playa del Silencio sin salirme del camino. Estoy en Santamarina donde veo dos chalets de cine. Me dice un señor que estas hortensias de colores insólitos salen solas con la humedad del ambiente. Está todo el territorio repleto de estas preciosas flores, es asombroso. Hay largos muros adornados con estas flores de muchísimos colores. Fotografío una muralla forrada de azul y grana. Yo soy culé. Y llego a una playa de cantos rodados y maderas que ha traído el mar, con esas formas pulimentadas por el agua y el rozamiento con las rocas. Me atraen sobremanera. Me quedaría aquí, en la orilla, en silencio. Me quedaría mucho rato, pero debo seguir. Recibo una llamada de Maite, la hospitalera de Cadavedo. Quiere confirmar que llego hoy, yo la había avisado esta mañana, y le digo que sí, que en un par de horas espero llegar.

Llego a Tablezo, después a Ribón, agotado pero impresionado con los acantilados y barrancos que debo ir superando uno tras otro. El último tramo, de unos 3 kilómetros, lo hago ya sin apenas fuerzas, por carretera para no llegar tarde al albergue de Cadavedo.

Llego por fin y saludo a Maite, la hospitalera, que está entretenida haciendo no sé qué en la cochera.

– Lo siento, se me ha hecho un poco tarde, no esperaba tanta subida y bajada en este último tramo.

– Tranquilo, no pasa nada, mientras esté yo aquí no hay problema.

El albergue es una casa de dos pisos, un poco extraña. Algo destartalada, está un tanto apartada del pueblo. Por lo que veo, aquí vamos a dormir únicamente tres: un polaco, un italiano y yo. Saludo a mis compañeros, sin la presencia de Maite, aún abajo. Voy al pueblo a por algo para comer, tenemos cocina y podré prepararme la cena sin tener que salir de nuevo.

– ¡Hombre! Qué casualidad, Daniel, ¿has venido a cenar?
– Sí, quiero tomar algo.
– Yo he comprado alguna cosilla para cenar en el albergue, pero ya que estás aquí, ¿puedo sentarme un rato contigo? Me gustaría hacerte una pregunta.
– Sí, por supuesto.
– ¡Gracias! La pregunta es ¿por qué haces el Camino? No eres el único, se la he hecho a otros peregrinos y me gustaría publicar en un libro las respuestas que voy recogiendo.
– Pues mira, yo estoy haciendo un seguimiento de una experiencia que me fue muy bien y me ayudó hace cinco años. Hice entonces un curso de yoga de un mes que incluía no solo el conocido componente físico, sino también temas espirituales, y en él encontré cosas que me abrieron los ojos. No vi allí magia ni cosa parecida y eso me vino bien porque yo soy de mentalidad muy calculadora y controladora y tengo que entender las cosas. En ése curso podríamos decir que se inició mi camino de desarrollo espiritual. Allí me di cuenta de que vivo y actúo de forma muy automática, sin saber por qué tomo muchas decisiones. Es como que algo te dirige y no sé por qué lo hago. Ahora en el Camino busco un enfoque distinto y entender por qué vivo así e intentar salir de los automatismos. La meditación, el mindfulness me ayudan a entender. Ahora, cuando

voy a una iglesia en Polonia y oigo alguna explicación de la Biblia pienso: ¡coño! ¿Y por qué nadie me lo explicó así hace treinta años, cuando yo tenía quince? ¿Han tenido que pasar treinta años para entenderlo, al volver al mismo sitio? El primer trabajo que tuve que hacer fue el de entender. Ahora entiendo un poco mejor cómo llevar la vida, pero todavía sigo anclado en las viejas estructuras. Sé cómo debería actuar pero no lo tengo aún interiorizado. Tampoco sé si esas estructuras deben romperse o bien si debería irlas puliendo y reduciendo como hace el agua erosionando la roca. No quiero escapar para buscar algo nuevo, sino el espacio y las condiciones que me ayuden a erosionar las estructuras viejas. Mirar de hacerlo no solo en el Camino, sino también en la vida diaria. Ahora mismo tengo un asunto en mi trabajo, sigo conectado, que en realidad es una tontería. Sé cómo debería hacer pero sigo actuando como antes. Es decir, fuera del Camino sigo siendo un tonto. Por eso creo que el Camino te ayuda, te alivia, te esperanza, pero en sí mismo no es una liberación, porque luego, cuando tienes un tema delante, fuera de él, fuera del Camino, quiero decir, vuelves a actuar como antes. En dos palabras: se trata de ganar más conciencia y más llegar a ser tú el gestor de tu propia vida. Por eso he pedido unos meses libres para renovar y mejorar el aprendizaje de hace cinco años, hacer un mantenimiento, no para escapar de nada.

– Escucha, ¿sabes que hablas español perfectamente?

– Mi idea no es esa.

– Pues creo que te equivocas. ¿De dónde eres?

– Soy polaco pero resido y trabajo en Sevilla, hago investigación económica y trabajo telemáticamente.

– Dame tu correo, por favor.

– Aquí está.

– Muchas gracias, Daniel.

Regreso al albergue y asisto a una explicación muy divertida de Maite que nos cuenta cómo se celebró una boda allí mismo.

– Era una parejita que se quería casar después del Camino pero ella les propuso hacerlo en el albergue. Con las sábanas hicieron un vestido para la novia y al novio le hicieron una pajarita con una bolsa negra de basura. El cura fue un sacerdote polaco peregrino que celebraba misa a diario. Llegó la Guardia civil, que no hizo nada porque ella los conocía y en plan de guasa le preguntó a uno de ellos si traía invitación y el guardia le contestó que traía el uniforme de gala y se pusieron a reír. Se ve que alguien llamó a la guardia diciendo que había un jaleo descontrolado en el albergue y que no estaba la hospedera. Y yo estaba abriendo latas y botellas para el banquete de boda.

– ¡Jajaja, qué bueno! ¿Será verdad? ¿O es una broma?

Salgo del humilde albergue y enseguida me meto en un bosque de abedules y luego de castaños. Esta es tierra de castaños. Voy pensando en la experiencia de ayer y en Mathias, el italiano, que me contó que vive en El Masnou, junto a la playa, muy cerca de Barcelona, con su pareja, y que trabajan los dos telemáticamente. ¡Cómo cambian los tiempos! Un polaco viviendo en Sevilla y unos italianos en el Maresme, pero trabajando para sus respectivos países.

Fotografío, camino de Luarca, la iglesia de San Miguel, que tiene al lado el cementerio. Es muy bonita. Me paro un momento y hago una oración por la familia. He podido entrar porque una amable señora abría en ese momento con el propósito de decorar la iglesia para el Corpus, con un pasillo de flores. Aquí hay unos frescos modernos, no están nada mal y le dan un aire de actualidad al templo.

Pienso en estas señoras que se ocupan de cuidar las iglesias, limpiarlas, tenerlas a punto. Siempre o casi siempre son mujeres. Me pregunto qué pasaría sin ellas.

Delante de la iglesia hay un precioso olmo americano y luego acompañas al río Esva de cuya orilla sale un enorme Aliso, que fotografío para mi colección de árboles.

Ahora me toca subir y llego a unos campos de maíz que empieza a crecer y que tienen encima una niebla de humedad que convierte la imagen en un espectáculo bucólico y sereno. Entre Soto de Luiña y Luarca hay multitud de paisajes de gran belleza: campos, bosques, playas, pueblos...

Y llego a Luarca, una ciudad interesante que está incrustada entre acantilados a uno y otro lado, con dos playas y un pintoresco puerto lleno de barcos de pesca de todos los colores. La tarde amenaza lluvia, de modo que espabilo para subir al cementerio donde yacen los restos mortales del Dr. Severo Ochoa, y, si es posible alargarme un poco más hasta la iglesia y el faro espectacular que veo desde abajo. Lo primero pudo ser, aunque a costa de empaparme porque me pilló el gran chaparrón en plena subida al cementerio, donde por cierto no pude localizar el sepulcro del premio Nobel de Medicina. Es un cementerio blanco situado en alto, cuidadísimo, en un lugar precioso desde el que se divisa el mar y el puerto. Dicen que está considerado el tercero más bello de España y entre los diez primeros de Europa. Tuve que bajar por piernas ante el aguacero que caía. Llegué al albergue completamente mojado.

Me cambié como pude y fui a la iglesia parroquial a misa, que de nuevo era de celebración del Corpus. A la salida, un pastel con un café con leche y a la cama.

Me levanto temprano y Matteo, el italiano, el de Cadavedo, que ha coincidido conmigo en Luarca, me da dos magdalenas salvíficas, porque no tenía nada para desayunar. Me dice que compró cuatro ayer y me da dos a mí. Esto es el Camino. No sé si tiene alguna inquietud religiosa, pero generosidad le sobra. Quiere ir a dormir a Piñera, no puede hacer muchos kilómetros porque tiene una pierna fastidiada.

– Si nos vemos allí, estupendo; y si no, ¡buen Camino!

Sigo hasta Villapedre con él y mientras avanzábamos le pregunté. Matteo responde que necesitaba un tiempo para sí mismo.

– Entre el trabajo, mi vida en pareja y la dinámica de nuestro tiempo, veo que no hay ningún espacio para mí. Tengo un buen trabajo, pero no me entusiasma. Me gustaría meditar antes de tomar una decisión al respecto: ¿pedir una excedencia?, ¿cambiar de trabajo?"

Después hablamos de aspectos más filosóficos y de ciertos valores que él considera importantes: la simplicidad, el vivir el momento:

– Es absurdo preocuparse del mañana sin saber qué ocurrirá y lo negativo que es "maquinar", te regodeas en pensamientos negativos, que creemos ciertos y luego resulta que son irreales y muchas veces dañinos. ¡Eso puedes ponerlo en tu libro! Hago también el Camino para aprender a maquinar menos".

¡Qué bueno, Matteo! ¡Estoy contigo!

Matteo es joven, tiene 32 años, los ojos claros, el pelo largo y barba, como Jesús. Italiano, habla un correctísimo castellano, y le gusta mucho relacionarse con la gente.

– Ostras, pero si eres Daniel !Mira, volvemos a reunirnos los tres!

– Creo que merece la pena que en tu libro rompas también una lanza a favor de los hospitaleros – me indica Daniel.

Pues claro que sí, lo hago ahora mismo y voy a dejar claro que su papel es muy principal en el Camino: acoge con amabilidad, sella tu credencial, te da litera y ropa de cama para dormir, te enseña las instalaciones y el modo de usarlas, te informa de lo que precises, y la mayor parte de las veces, te sonríe. En definitiva es el referente del albergue. Algunos, los que trabajan en albergues privados son propietarios o empleados, pero otros, los públicos, a menudo son voluntariados, personas que altruistamente hacen esta labor, quizás movidos por la experiencia anterior de haber hecho el Camino o simplemente por un gesto de generosidad. ¡Gracias, amigos hospitaleros!

A pesar de su pierna, he seguido con Matteo casi hasta Navia. En el trayecto me cuenta que vive cerca del lago de Como. Su pareja es ucraniana pero trabaja para una empresa rusa, con lo cual está sufriendo una situación muy complicada, ya que ella no es pro-rusa. En fin, la guerra es un horror, no deberían existir de ninguna manera. Ahora se para y hace unos ejercicios de yoga o algo parecido, y nos separamos.

Duermo en el albergue de Navia. Antes me senté a cenar, en una cafetería, con un alemán, Jorge o George, un alemán de uno noventa y ojos azules que nació en San Sebastián, pues no sé si su padre o su madre es vasco y vivió muchos años allí y en Madrid. Habla el español perfectamente, pero ahora vive en Nüremberg, donde trabaja para la Siemens. Me habría gustado preguntarle, pero no pudo ser porque enseguida llegó otro compañero de Holanda todavía más alto y potente y luego vino una mujer también alemana y Tobías, un muchacho asimismo alemán que se sentó a mi lado y fue con quien pude hablar con cierta calma.

Tobías hace una semana que acabó su beca Erasmus en Vigo. Me dice que fue allí por ser el único lugar donde le aceptaron en el tiempo de la COVID, y le ha cogido cariño a la ciudad, "aunque Barcelona me encanta". Le pregunto y me dice:

– Ya celebramos la fiesta de fin de curso en Vigo y ya tengo bastante. No soy muy amigo de las fiestas, lo soy más de la serenidad, del silencio e incluso de la soledad. Por ejemplo, me gusta la escalada y el senderismo y amo la Naturaleza; por eso estoy aquí. Ahora tengo tiempo para disfrutar de ella.
– ¿Eres creyente?
– Sí, tengo inquietud religiosa, aunque no soy practicante. Pero no es éste el motivo principal para hacer el Camino.
– Gracias, Tobías. ¿A qué te dedicas?
– Soy estudiante de ingeniería electrónica.
– ¿Me dejas tu dirección?
– Sí, naturalmente.
– *Ciao*, que tengas suerte.

El día siguiente, 20 de junio, salí tempranito y me dirigí hacia A Caridá. El camino te lleva al albergue, muy cuco, sencillo, silencioso, en un lugar precioso, tiene 16 literas. No hay nadie en su interior, y un señor peregrino finlandés, que está fuera me indica como seguir hacia Tapia.

Y llego, unos 15 kilómetros después a Tapia de Casariego. Me fijo en la ubicación del albergue. ¡Es sensacional! Está frente a una playa con rocas abruptas clavadas en la arena, ¡espectaculares! Dudo que haya muchos albergues tan bien situados como éste de Tapia.

Me lamenté de no poder quedarme aquí a pernoctar, pero debía volver en bus hacia Avilés y allí tomar un avión hacia Barcelona.

NOVENO TRAMO: DE TAPIA DE CASARIEGO A VILALBA DEL 23 AL 26 DE SEPTIEMBRE (CUARTO TRAMO DEL CAMINO NORTE)

Salí del turístico pueblo de Tapia de Casariego a las 10 en punto de la mañana en dirección a Figueras. A los pocos kilómetros, dejando la playa de La Paloma me encuentro con un peregrino que va solo, a muy buen ritmo. Me pongo a su lado para preguntarle. Es italiano, se llama Doménico, de un pueblecito de montaña llamado Tártano, en la provincia de Sondrio, a 1200 metros de altura, con 190 habitantes y próximo al lago de Como. Me dice que su Camino no es espiritual, pero le gusta caminar, conocer a personas y lugares diferentes cada día.

– Cada día vivo una vida diferente, pacífica y estando bien conmigo mismo y con el mundo.

– ¿Es éste tu primer Camino? – le pregunto.

Me responde que no. – Es el tercero después de haber hecho el Francés y el de la Plata; ahora sigo este Camino norte siempre por la costa y pasaré por el litoral, junto al mar, por el camino de los faros, Viveiro, O Vicedo, Ortigueira, Ferrol, A Coruña, Muxía, Finisterre y desde allí a Santiago. Y en Italia hice "la Vía Francígena" muy bella.

– En realidad todo el mundo es bello – acaba diciendo – es decir, en todas partes hay lugares bellos.
– Doménico, muchas gracias, ha sido un placer. Buen Camino.

Playa de Penarredonda

Paso por playas espectaculares, como la de Serantes y la maravillosa playa de Penarredonda o Peñarronda, alternando con calas y panorámicas costeras de gran belleza. Continúo por un camino pegado al mar hasta ver el puente de los Santos y la desembocadura amplísima del río Eo, que da nombre a Ribadeo. Llegué a las proximidades de Figueras, sin entrar en el pueblo porque el camino me empujaba hacia el puente en dirección a Ribadeo. Las vistas desde este puente de los Santos son asombrosas: puedes ver toda la desembocadura del Eo: a la derecha el mar y a la izquierda los tres pueblos que hay en sus orillas: Figueras, Castropol y Ribadeo. ¡Qué belleza! Me cansé de hacer fotos. El puente, además de su enorme altura tiene nada menos que 600 metros de longitud y su final, en Ribadeo, es ya la puerta de Galicia. Entro en el restaurante O´Tumbin de Ribadeo. No quiero irme sin tomarme una segunda fabada asturiana. Asturias está aquí al lado. De hecho, Figueras y Castropol son asturianas. Con la fabada y un arroz con leche tuve más que suficiente combustible hasta la noche. ¡Vaya fabada! Catorce euros que pagué ¡con mucho gusto! Y sigo mi camino por la tarde pasando, tras una subida considerable, por Covelas y Vilela, para llegar al albergue de A Pena-Vilela donde me quedo, ya que el hospitalero me dice que el próximo albergue en el que quería yo dormir, el de Gondán, está cerrado desde tiempo ha y que el siguiente es el de Lourenzá a bastantes kilómetros. El tiempo tampoco estaba muy fino y habría decaído la luz del día con seguridad antes de llegar allá, además de no encontrarme sobrado de fuerzas. El matrimonio hospitalero comenta, mientras me inscribe en el registro de peregrinos, que hoy es un día excepcional porque "hoy son 20 con usted, hemos hecho el pleno, cuando lo normal es que duerman a diario unos 6 o pocos más". Finalmente fuimos veintiuno, se presentó una mujer a última hora y le pusieron amablemente un colchón hinchable en el suelo.

A mi lado tuve a una pareja mayor de checos, él con setenta y tres años y ella con setenta, de una amabilidad insultante. Era sorprendente ver la agilidad y elasticidad de la mujer, al subir y bajar de su litera de arriba. Coincidimos en ir a hidratarnos a la barra del bar y allí ella, con un inglés comprensible para mí, me explica cómo en el albergue de Santander fueron víctimas de un robo de manera que se quedaron sin documentación, sin tarjetas de crédito, sin dinero, sin su cámara de fotos. También me explicaron las peripecias para poder continuar adelante. Pero sonreían. Los dos sonreían. Yo me preguntaba mientras los oía ¿sonreirías tú igualmente si esto te hubiera ocurrido a ti?

Para más inri él, ingeniero, tenía la rodilla derecha inflamada y muy dolorida y le decía a su esposa, maestra, que me dijera que "esto es el Camino, hay que afrontar lo que venga". Le conseguí un par de cápsulas de antiinflamatorio y les invité a un café con leche y nos reímos porque ellos, muy agradecidos, me querían dejar claro que ya disponían de suficiente dinero para seguir adelante. Que habían resuelto, no sin dificultades, a través del Consulado en Santander la consecución de un dinero para poder continuar. Te encuentras con gente excepcional. Las miradas, alegres. Y eso, al menos a mí, me ayuda a vivir. Es bueno imitar a los buenos.

Les pregunté por qué hacían el Camino y me responden que lo han hecho ya ¡ocho veces! – Cuando él se jubiló hace diez años –me comenta ella,– yo tenía en un cajón de mi mesa un papel de alguien que nos sugirió hacer el Camino como una de las opciones posibles para la jubilación, y pensamos: ¿por qué no?– me continúa explicando. La conversación fue por otros derroteros y no supe por qué quisieron hacer, por lo menos, el primero de ellos, pero es evidente que algo bueno encontraron para repetir tantas veces.

A propósito de este encuentro me vienen a la cabeza los múltiples casos de "repetidores", podríamos llamarlos así, caminantes que han hecho varias veces el Camino. Suelen ser personas de un cierto nivel cultural e intelectual que da la impresión de que han sido tocados por un cierto hechizo. Yo he experimentado también una satisfacción muy notable cada vez que he emprendido un nuevo tramo. Es como si se aliviara un cierto síndrome de abstinencia tras el tiempo pasado sin caminar. En fin, no sé si solo son elucubraciones mías, pero este fenómeno se repite con mucha frecuencia y debe tener alguna explicación.

Hoy, 24 de septiembre salgo a las 7:30 cuando todavía es noche cerrada. Ha llovido y los eucaliptos desprenden un intenso olor. Si se me cruza un lobo o un jabalí o cualquier otro animal de talla por el camino, ni me entero. Lo que si entreveo entre sombras es un bosque de eucaliptus sensacional.

Paso por Vilar, una pedanía con casas cuyos muros son de piedra pizarrosa plana que dan una imagen muy bonita. Me gusta esta estética, estas "mil-hojas" de piedra colocadas de forma apaisada que también aprecio en algunos hórreos de por aquí. El silencio y la paz me hacen olvidar los riesgos de la oscuridad. ¡Estoy como sumido en una nube de sensaciones agradables! Sigo hacia A Ponte y se pone a llover y el camino también se pone cuesta arriba. En una de las cumbres veo un indicador de 175 Km. ¡Muy feliz, al ver que ya solo me queda ésa distancia para llegar a la meta! Después de subir más y más, llego a Vilamartín Pequeño y luego a Vilamartín Grande para alcanzar Lourenzá unos kilómetros más allá. Y aquí me quedo a comer. ¡Hombre, qué casualidad! Tú eres Mathías, coincidimos en el albergue de Vilela. Mathías me presenta a una mujer, también peregrina, que según él estuvo asimismo anoche durmiendo allí. Él y yo pedimos un completo con huevos rotos con chorizo, patatas fritas y pimientos del piquillo, que nos supieron a gloria y ella, una especie de lasaña o quizás fuese empanada gallega.

– Oye Mathías, ahora que estamos con calma me gustaría preguntarte por qué haces el Camino.

Y me dio esta respuesta que grabé:

– Pues por la combinación de muchas cosas: empiezo por el disfrute del paisaje, después por conocer a gente, gozar comunicándome con ella a través de mis tres lenguas extranjeras. Por cierto –le interrumpo– estás hablando un perfecto castellano –y añade–

también porque caminar es un deporte, por la comida que me encanta y bueno, ya te digo, aquí hay contacto con personas de distintas nacionalidades, ella es de Holanda.
– Hola, encantado ¿Cuál es tu nombre?
– Monique.
– Ah, muy bien, luego te pregunto a ti – Mathías hablaba con ella en un perfecto inglés.
– Por cierto, Mathías, ¿tú de dónde eres?
– De Alemania pero vivo en Suiza, a orillas del lago Ginebra, ¿sabes dónde está?.
– Sí, claro, es un lugar fantástico.
– ¿Es tu primer Camino? – Y su respuesta me dejó de piedra:
– No, lo he hecho 44 veces.
– ¿Cómo? ¡Estoy ante un auténtico récord Guiness, no creo que haya nadie en el mundo como tú!

Añade que solo el segundo lo hizo de un tirón y los restantes a tramos. Tiene 50 años y entonces pensé que seguramente lo que ha hecho ha sido emprender 44 veces distintos tramos, pues de otro modo sería prácticamente imposible. Aun así, ¡es impresionante!

Monique, que habla un castellano más sencillo, me dice que su Camino no es espiritual, sino que busca el contacto con la Naturaleza, con la calma y el silencio y también con la gente y con la libertad. Ella tiene 65 años, está jubilada y trabajó en una agencia de viajes. “En la agencia recomendé y organicé muchos viajes para el Camino, y ahora me toca a mí disfrutar de él”. Salió de Holanda el 25 de agosto y quiere llegar a Santiago el 1 de octubre.

Cada uno siguió adelante por separado, como suele ser habitual, hasta llegar a Mondoñedo. Allí pasé por la plaza de la Catedral y me quedé boquiabierto con la fachada y los dos campanarios y la singular estructura de la plaza. Hice unas fotos con la idea de volver de nuevo después de tomar una litera en el albergue municipal, que estaba bastante limpio y bien, pero que no tenía ni una sola manta, abrigo que pedí porque había refrescado bastante. En fin, tomé una ducha y me fui a la catedral donde me dijeron que había misa a las siete. El templo es impresionante, con mezcla de estilos románico, gótico y barroco y unos frescos antiquísimos en los laterales de la nave principal representando la matanza de los inocentes de Herodes, muy bien conservados. Tuve la suerte de encontrarme dentro con el sacristán, que me explicó muchas cosas y me pidió que leyera la primera lectura y los salmos en la misa.

– Muy bien, si a usted le parece.
– Sí – me dijo – va bien que lean los peregrinos y después el cura hace la bendición del peregrino.
– Pues venga.

Allí se celebraba un concierto una hora después, de manera que me acerqué a uno de los bares de la plaza y pedí un trozo de tarta de cabello de ángel, famosa aquí y fuera de aquí, mientras no diera inicio el concierto.

¡Pues sí, señor, realmente deliciosa! Casualmente estaba en una terraza sentado Mathías, de manera que le informé del concierto y me respondió que le gustaría asistir. Yo me metí de nuevo en la iglesia para acabar de verla con más detenimiento. Y empezó el concierto, a cargo nada menos que de la Orquesta de Cámara de Galicia. ¡Qué bien! Interpretaron varias piezas de músicos gallegos de una gran belleza. El director, que además era concertino, muy simpático, hizo participar a la audiencia al tiempo que daba explicaciones de las piezas. Entre otras cosas dijo que quien ama la música suele ser una persona que difícilmente será odiosa o beligerante en el trato. Yo estoy de acuerdo con él.

A la salida nos encontramos con una auténtica cortina de agua. Mi amigo Mathias, que estaba cansado y quería llegar pronto al albergue, salió de la iglesia corriendo y con solo atravesar la plaza se quedó empapado, de manera que seguramente llegaría bien duchado. Por una vez yo tuve más paciencia y solo unos minutos después, escampó la lluvia y pude volver tranquilamente. En el tramo de hoy se ha repetido este caprichoso e imprevisible ir y venir de la lluvia. En un instante un cielo despejado se vuelve gris oscuro y chaparrón al canto. Pero unos minutos después se acaba de repente, y hasta el siguiente susto. Cuando vas por el campo suele oírse un murmullo del viento al pasar por las hojas del bosque que preconiza la llegada del agua. Este agua que tan íntimamente va ligada a esta tierra verde.

Cuando yo llegué Mathías estaba como un tronco. Ya no lo volví a ver.

Salí de Mondoñedo a las 7 de la mañana, completamente a oscuras y cogí sin querer un camino bien señalado que salía muy próximo al albergue pero que resultó ser un camino complementario de unos tres kilómetros más largo que el oficial, según me dijo un matrimonio francés que encontré al poco de iniciarlo. No me vi con ánimo de volver atrás y continué atendiendo también al consejo de los franceses que me animaron al decirme que, aunque algo más largo, también tenía pendientes menos pronunciadas. Y es que el tramo oficial tiene probablemente una de las subidas más pronunciadas de todo el Camino del Norte. Bueno, algo es algo.

Continúo hacia Abadín pero antes llego a Gontán donde hay un bonito albergue, moderno, que tiene delante una cruz de término que fotografío. Y paso de largo después de comerme unas chuches que compré en Mondoñedo.

De Abadín a Vilalba disfruto viendo auténticos túneles naturales formados por las copas de impresionantes castaños, robles, aquí llamados carballos, y a veces nogales, laureles y abedules. El móvil se me ha bloqueado durante una hora, no sé por qué, y me he perdido la oportunidad de fotografiar algunos de estos espectaculares pasajes y sendas. ¡Qué le vamos a hacer! Ya vendrán otros. Por cierto, estamos en otoño y hay trozos de camino tapizados de bellotas o de nueces y sobre todo de espinosos frutos del castaño. Me paro en uno de ellos, abro con las mismas botas uno de estos frutos y salen dos brillantes y preciosas castañas de su interior que guardo de recuerdo en mi bolsillo.

De Abadín a Vilalba

No he citado hasta aquí que la señalización del Camino desde que entré en Galicia ha mejorado extraordinariamente. Cada pocas decenas de metros aparece un poste de hormigón con la concha, ahora son los rayos los que indican la dirección a seguir y no la parte estrecha como ocurre en Asturias, la flecha amarilla y algo muy curioso y para mí muy interesante: en una banda estrecha aparecen los kilómetros y metros que restan para llegar a Santiago. De esta manera ves cómo vas progresando y la cifra se va reduciendo poco a poco. Ahora me quedan 128,500.Y sigo adelante. A 7 km de Vilalba fotografío una cruz de término muy curiosa, ya que en una de sus caras está el Cristo crucificado y detrás la imagen de la Virgen sentada.

Ahora me encuentro con un buey suelto en el camino con unos cuernos tremendos. Le hago una foto que ha salido fatal por el temblor que tenía por puro canguelo a un ataque por parte de esta bestia bestial. Huyo hacia arriba a la máxima zancada que dan mis piernas aunque sin correr, no fuera a molestarse. ¡Madre mía, vaya cuernos! ¿Qué hará este animal aquí suelto?

Me acerco a Goiriz y fotografío otra cruz de término que está junto a una bonita iglesia dedicada a Santiago y que tiene al lado un cementerio curiosísimo con muros llenos de pináculos de piedra gris de un estilo que imita al gótico. Hablando de muros, por aquí abundan como muretes de separación de las parcelas hileras de piedras planas enormes pero delgadas, clavadas en tierra. Son como paneles de piedra de formas diferentes.

Y llego al albergue de Vilalba que está muy bien en general, pero que tampoco tiene mantas y está situado a 2 kilómetros del pueblo. Aquí coincido con el matrimonio francés del inicio de la etapa.

Vilalba pertenece a la provincia de Lugo, capital en la que residen mis amigos Ángela, y el matrimonio de Ana María y Manolo. Pensé que les haría gracia comunicarles que estaba allí.

Les comenté lo bien que encontré el albergue, aunque no tuviera mantas y que debería espabilarme para abrigarme esa noche de algún modo, sin darle más importancia al hecho.

Pero la reacción de Manolo fue inmediata:

– ¡Ahora mismo vamos a por ti y duermes en casa!

– ¡Qué locura, Manolo! ¡Ni hablar!

Nada que hacer: en menos de una hora me vinieron a buscar y me llevaron a su casa.

Naturalmente, les estoy agradecido: cené como un príncipe, descansé sin frío, me duché plácidamente, disfruté de su compañía y a la mañana siguiente tomé un bus hacia A Coruña para regresar desde allí en avión a Barcelona. Era el final de mi noveno tramo.

DÉCIMO Y ÚLTIMO TRAMO: DE VILALBA A SANTIAGO DE COMPOSTELA, DEL 28 DE OCTUBRE AL MARTES 1 DE NOVIEMBRE DE 2022 (QUINTO TRAMO DEL CAMINO NORTE)

El 28 de octubre, aterrizaba en A Coruña para reemprender el camino y allí estaban ¡cómo no! Ana María y Manolo, esperándome para acercarme a Vilalba de nuevo. ¡Son unos cabezotas generosos sin igual! Volvieron a hacerme un gran favor porque su gesto me permitió ganar casi un día.

En el de Vilalba me confirman que el precio de todos los albergues gallegos es de 8€ la noche. Es decir que los gallegos son los más económicos. Eso me parece muy bien. Hemos dormido solo cuatro peregrinos, y es que estamos a unos dos kilómetros del pueblo y muchos prefieren dormir en el centro en cualquier otro albergue privado aunque cueste un poco más. Así pueden salir más cómodamente a conocer el pueblo y tomar algo sin tener que volver a hacer kilómetros para regresar, ya en la noche y con el cansancio a cuestas. Por cierto, para este tramo me traje mi saco de dormir. Ya no necesité mantas.

Nada más salir, hoy eran las siete y poco de la mañana, después de una noche de lluvia torrencial, me encuentro muy cerquita la cafetería Revolta abierta y bastante animada. ¡Qué bien me viene poder tomar aquí un café con leche calentito con alguna magdalena! Así podré iniciar la ruta con algunas calorías en el cuerpo. Mientras daba vueltas al café reparé en que uno de los compañeros de albergue estaba también allí, sentado en una mesa. Me acerqué a él para saludarle y pedirle su nombre.

– Me llamo Abel y soy de Castellón, pero como hoy se puede trabajar a distancia, vivo en Rosas, en la Costa Brava.
– ¡Qué suerte, no? – le digo. Me cuenta que es informático y que se dedica a crear anuncios publicitarios en 3D de productos varios, que luego aparecen en la tele u otros medios visuales. Calculo que debe tener unos 35 años aproximadamente. Y le pregunto que por qué hace el Camino, a lo que me responde que siempre que tiene unos días lo intenta rehacer después de su primera experiencia vivida en su juventud, una experiencia que le complació.
– Siempre que tengo un hueco lo aprovecho así. Yo soy bastante solitario y estas escapadas me van muy bien para desconectar. Piensa que en condiciones normales me paso ocho horas o más al día delante de mi ordenador. Ya puedes imaginar lo que es eso. Estos paréntesis me vienen muy bien para mi salud mental y también física, claro. Por cierto, -me dice en tono algo irónico-nunca he sufrido problema físico alguno en los ya muchos tramos recorridos, quiero decirte que no he tenido ampollas ni rozaduras ni lesiones musculares ni torceduras, mientras que la gran mayoría de los que en alguna ocasión me han acompañado, sí las han sufrido. Quizás eso también influya favorablemente en mi elección.

– ¿Eres creyente?
– No, soy agnóstico, no hay motivo religioso, simplemente me gusta recorrer este camino.
– ¡Buen camino y gracias, Abel!
– Buen camino – me responde él.

Atravieso Vilalba por una larga avenida, la Rúa de Pravia, con muchas cafeterías ya abiertas, siendo aún antes de las ocho, hasta pasar por delante de una plaza que se llama de la Constitución, donde se yergue un busto de personaje al que la curiosidad me empuja a identificar. Es el de Manuel Fraga. La placa recuerda que D. Manuel nació aquí.

Salgo del pueblo después de dejar el Parador a mi derecha con el suelo mojado por la tan deseada lluvia. Me encuentro con Joaquín, que va bien impermeabilizado, le saludo y me dice que es portugués.

– ¿De dónde?
– Soy de A Guarda, pero vivo en un pueblo a unos cuarenta kilómetros de Porto. – Son las ocho y media de la mañana y todavía es de noche.
– ¿Es tu primer camino?
– No, he hecho ya tres y éste es el cuarto
– ¡Caramba!
– Sí, hice dos caminos centrales portugueses, el año pasado el francés y ahora estoy con el Camino del Norte.
– ¿Y por qué haces el Camino, Joaquín?
– Pues porque me sienta bien. Es una forma de sentirme bien conmigo mismo.
– ¿Tienes alguna inquietud religiosa?
– Soy católico, pero no practico. El camino es una forma mía personal de encontrarme bien, no lo hago por motivos religiosos.

A las nueve empieza a amanecer, justo cuando atravieso un precioso bosque de abedules blancos. Sigo con Joaquín. Me pregunta por cuestiones políticas y yo le respondo que cada vez estoy más lejos de esos asuntos. Cuando era más joven sí me preocupaba, pero ahora lo que realmente me importa es la paz. "Creo que todos los que hacemos el Camino pensamos lo mismo", me dice él. Luego charlamos un rato sobre el por qué Portugal y España tienen que tener fronteras y estar separadas. Me comenta que a él le da igual ser portugués que español o francés y yo le digo que en efecto debe ser así, porque hemos nacido donde hemos nacido por una casualidad, por puro azar. Podríamos haber nacido en África Central o en las Filipinas. "Lo importante es ser ciudadano del mundo", añade. Y yo lo comparto. Joaquín fue policía. Está ya jubilado, después de treinta y siete años ejerciendo de policía.

– Yo sigo por la carretera asfaltada.
– De acuerdo, Joaquín, yo seguiré la senda. Hasta siempre. Buen Camino.

Cerca de Bahamonde veo otro cementerio de paredes de piedra con formas góticas. Debe ser un estilo propio de los cementerios de esta tierra. Son de piedra de granito gris, pero bonitos.

Como en Bahamonde, en A Rotonda, el siguiente menú: huevos fritos con chorizo y patatas fritas con copa de Ribeiro, un almendrado de chocolate y un café con leche. Al llegar pedí una clara antes de comer y me pusieron de tapa unos trozos de pulpo exquisito, unas lonchas de longaniza y unas aceitunas rellenas. ¿Cuánto es todo, por favor? "Son 10 euros". ¿Cuánto valdría esto mismo en Alemania?

A la salida del pueblo me encuentro con una iglesia románico-gótica, la iglesia de Santiago que tiene en su jardín un castaño descomunal con una apertura natural en su tronco, como un enorme regazo, con una capillita, en cuyo interior veo una bellísima escultura de la Virgen del Rosario, firmada por Víctor Corral, con un bonito mensaje del escultor. Me informaron de que muy cerca está la casa de este escultor, que tiene piezas en museos importantes y que es digna de ver. Me acerqué pero estaba cerrada: Víctor Corral había fallecido hacía pocos meses. Noté que era un hombre querido y admirado en el pueblo.

Tres cruces de término junto a la iglesia de Santiago en Bahamonde

Atravieso el río Parga en medio de unos parajes boscosos asombrosos y me desvío involuntariamente después de Bandoncel, cogiendo un camino señalizado también pero que no aparece en mi guía. Acabo en Vilar, no sin antes encontrarme en pleno bosque, buscando un puente romano, a un señor que después durmió bajo mi litera esa noche. En efecto, al llegar al único bar-albergue de este pueblo, me dicen los propietarios que tienen una cama en una habitación que debería compartir con otro señor que está sentado en una de las mesas de allí, al lado. Miro y veo que es el que encontré en el camino buscando el puente romano que finalmente no llegó a localizar.

– Pues si este señor no ve inconveniente, comparto la habitación con él.

– Naturalmente –me responde– no tengo inconveniente alguno.

– Muy bien, gracias ¿y podríamos compartir mesa también?

– Sí, claro.

– Pues venga, vamos a tomarnos una ensalada y un buen filete de ternera de Lugo con patatas, mientras hablamos.
– Has de saber que la ternera de Lugo tiene una merecida buena fama.
– Pues muy bien, vamos a por ella.
– ¿Cómo te llamas?
– Me llamo Mariano.
– ¿De dónde eres?
– Soy del Perú, pero llevo muchos años en Estados Unidos ejerciendo en el norte del país como médico especialista en Neumología y Cuidados Intensivos.
– ¡Vaya! ¡Entonces te ha cogido de lleno la crisis de la Covid!
– Pues sí, aunque la verdad es que yo ya estaba a punto de jubilarme y mis colaboradores del Departamento me han ayudado mucho.
– ¿Tenías respiradores?
– Sí, esa fue una gran ventaja que tuvimos en relación con los países pobres.
– ¡Vaya susto y cuántos disgustos hemos pasado por culpa del dichoso virus!
– Oye, Mariano, puedo preguntarte ¿por qué haces el Camino?
– Claro que sí; dentro de poco vamos a asistir mi esposa y yo a una boda en Oviedo y yo me he venido unos días antes porque me gusta mucho caminar y hacerlo por el campo, y además han llegado tan repetidas veces a mis oídos las historias del Camino que he querido hacer un tramo y ¡por qué no! ganar la Compostela.
– Está muy bien. Entonces, ¿de dónde has salido?
– Pues hoy mismo desde Vilalba.
– Sí, mira yo también he salido de allí".

– Claro, Vilalba está a unos 120 kilómetros de Santiago. Si llegas tendrás la Compostela.
– Pues sí, a eso voy, pero sobre todo a disfrutar del paisaje, de los edificios y puentes medievales, de la naturaleza.
– ¿Tienes algún motivo espiritual?
– Yo nací en una familia católica, soy católico pero con el paso de los años he ido perdiendo la fe. Por eso no hay motivo religioso en mi decisión de hacer este tramo del Camino.
– ¿Tienes hijos?
– Sí, tres. Pero ningún nieto.
– Bueno, ya te vendrán. Si te tienen que venir, claro.
– Oye, ¿verdad que está rica la ternera?
– Pues sí, la verdad es que es excelente.

Los hospitaleros, propietarios del bar se ofrecen amablemente a prepararnos algo para desayunar, pues ellos no abrirán mañana hasta más allá de las nueve. Los dos asentimos y mientras esperamos a que lo preparen, vemos jugar a las cartas a cuatro vecinos del pueblo que tienen a su alrededor a un par de espectadores más que comentan con interés las jugadas. Yo a estos hombres les veo felices. Y no beben. Juegan, se distraen y entre mano y mano se cuentan sus aventuras de caza y ríen cada dos por tres.

– ¿Te parece, Mariano, que nos vayamos a dormir?
– Pues sí, vamos a dormir.

Y nos despedimos de este matrimonio agradeciéndoles el termo con café con leche que nos habían preparado y un trozo de bizcocho "casero, porque lo he preparado yo misma", para el desayuno.

La habitación que nos tocó compartir era un puñetazo. Todo muy limpio y el baño relativamente amplio, pero el habitáculo donde se hallaban las literas era pequeñísimo para permitir maniobrar con nuestras mochilas y trastos, de manera que hicimos auténticos equilibrios para ordenar un mínimo las cosas y acabar echándonos en la cama. Mariano tuvo el detalle de prestarme por un rato un jersey que llevaba él puesto y es que yo estaba muy cansado y tenía frío y me puse a temblar.

– Gracias, Mariano.

Durante la noche me desperté varias veces, porque llovía a cántaros. Además teníamos un sumidero justo delante de la puerta y aquello hacía un ruido de catarata. A pesar de eso, en ninguna de las ocasiones en que yo me desperté dejé de oír roncar o al menos respirar profundamente a mi compañero Mariano.

Me desperté de nuevo hacia las siete y seguía oyendo dormir como un tronco a mi amigo. Decidí asearme y vestirme, intentando no hacer ruido para no despertarle, cosa que me resultó sumamente complicada hasta el punto de tener que llevarme la linterna a la boca varias veces para intentar ver algo mientras maniobraba. Salí como pude con la mochila a rastras, ya que en las manos llevaba el termo, el bizcocho y la capelina, porque seguía lloviendo a raudales. En fin, salí por fin y me refugié en el porche del bar donde me tomé de pie el café con leche y el bizcocho. Y emprendí el camino hacia Sobrado dos Monxes. Pero mira por dónde que a unos pocos cientos de metros me doy cuenta de que me he dejado el móvil cargándose.

Vuelvo y me encuentro a Mariano feliz, saliendo de la ducha tan campante y diciéndome:

– Te has dejado tu móvil y yo estaba utilizando tu cargador para cargar el mío".

– Hombre, me parece muy bien, aprovechando recursos ajenos.

– Buen camino, Mariano, ahora sí puedo decírtelo y no antes por temor a despertarte.

– Buen camino – me responde.

Siempre me quedará la duda de si Mariano se hizo el dormido para dejarme a mí en la batalla a ciegas y disfrutar él de mayor espacio, cuando yo ya no estuviera, y afanarse con más libertad de movimiento. Sea lo que sea, es un gran tipo.

Ahora sí, reemprendo la marcha y vuelvo a ver en la carretera, ya vi ayer dos o tres, varias salamandras de colores preciosos, amarillo y negro aplastadas contra el asfalto. Al menos diez o doce. Supongo que habrán sido aplastadas por las ruedas de los coches al querer atravesar los pobres bichos la carretera. Parece que amaina la lluvia y yo subo el ritmo para aprovechar, que sin agua se marcha mejor. Ahora mismo estoy a 75 kilómetros de Santiago y tengo tres días por delante.

Además de la belleza de estos parajes debo señalar la cantidad de especies de setas que veo a uno y otro lado del camino. Es asombroso. Son de todos los colores y formas imaginables y hago decenas de fotografías. A veces ves agrupaciones insólitas del mismo hongo, formando figuras sensacionales. Me acuerdo de mi Catedrático de Botánica, el Dr. Seoane. Él era gallego y un gran experto en hongos y algas. Cada vez son más frecuentes también las cruces de término. Tengo ya una buena colección de fotografías.

Llego a As Cruces y aquí me paro un rato a descansar. Un amable camarero me pone un platazo de jamón en lonchas, un café de puchero junto a la botella de orujo gallego y dos o tres rodajas de hogaza de pan gallego. Fotografié el enorme plato de jamón. Me costó todo 4 euros. Llego a continuación a Sobrado dos Monxes, donde, nada más entrar un poco en el pueblo veo unas torres-campanario de gran altura que imagino pertenecen al célebre monasterio. En efecto, paso por un pórtico y me enfrento a una fachada barroca colosal tras la que hay un edificio con el cartel de Albergue. Voy hacia allá aunque no sea mi propósito quedarme aquí a dormir, pero me hace ilusión que me sellen la credencial en este emblemático lugar. En la recepción me atiende un monje italiano, serio pero muy amable. Me dice que este monasterio es monumento nacional y patrimonio de la humanidad y que es "sobrado" por todas partes como se puede apreciar, por las enormes dimensiones que tiene. Como ejemplo señala que hay tres claustros. "En tiempos lejanos este monasterio disponía de un potencial económico enorme, pero ahora vamos de cráneo para sostenerlo". Me hace gracia este cisterciense. Me recomienda ir a comer a un restaurante que está nada más salir del recinto, en la plaza principal del pueblo. Y allí que voy. Se llama "La Plaza" y he tenido mucha suerte, porque estamos aquí en la "semana de la seta" y este restaurante hoy solo cocina platos de o con setas. Así es que de primero me pusieron un timbal de setas y langostinos, después un milhojas de setas y secreto ibérico con patatas y setas, claro. Fenomenal. Todo por 21 euros. Sí señor, esto se paga con gusto. Felicito al cocinero y me voy realmente "ensetado", pero muy a gusto.

Esta noche pasada, oigo en la barra del bar, ha habido un temporal de lluvia y viento muy fuerte .Eso explica la cantidad de ramas de árboles caídas que he encontrado en el día de hoy.

Paso por una casa que tiene unas macetas con unas flores preciosas. Me detengo para hacer una foto a una de ellas y de repente ¡¡jobar qué susto, madre mía!! Me salen dos perritos ladrando como condenados y me ponen el corazón a mil.

Sigo por un camino estrecho y de pronto me encuentro con una rama enorme, seguramente caída durante el vendaval de la noche, que atraviesa de lado a lado el camino. Pues no me ha resultado nada fácil pasar. He debido hacer con mis manos, arrancando y apartando ramas, un hueco para pasar, primero yo y luego la mochila.

Y sigue el festival de setas. He debido parar de hacer fotos porque ya no podía avanzar. Estoy orgulloso de la colección de fotografías de hongos que me traigo a casa. Asombrosa variedad.

Fantástico

Y llego a Boimorto, al albergue, que está un kilómetro antes del pueblo, donde quiero pernoctar. Es moderno y hay solo una pareja de peregrinos que pasarán la noche conmigo. Es que estamos prácticamente en Noviembre y todavía no he alcanzado el camino francés. Boimorto quiere decir "buey muerto" en *galego* y aquí nació Luz Casal, una de mis cantantes favoritas. Me acerco al pueblo a comprar algo para desayunar y entro en el bar-restaurante "Vilanova" donde me despachan un bocadillo de pollo válido para una semana. ¡Madre mía! Vaya bocadillo enorme. Me comí allí un cuarto y el resto me lo traje para el albergue.

Salgo a las 7:44 del albergue de Boimorto. Es de noche cerrada y el suelo está empapado, así es que debo pensar que ha llovido no hace mucho. Ojalá me respete la lluvia y pueda llegar a Arca pueblo al que también llaman O Pedrouzo y otros Pino. No deja de llamarme la atención que puedan coexistir en el mismo momento tres nombres para el mismo pueblo. Cuando miro mi móvil una hora aproximadamente después de salir, me doy cuenta de que han debido adelantar una hora esta noche del 30 de octubre. ¡Bien! Tengo una hora más para cubrir la distancia prevista.

En el trayecto disfruto de un amanecer de ensueño. El sol, amarillo-anaranjado se deja ver en parte empujando entre unas nubes bajas que parecen oponerse a su salida. Al cabo de un rato los rayos iluminan la parte inferior de las nubes, mientras en el horizonte cada vez más visible aparecen los perfiles de maravillosos carballos y una niebla delgada que se levanta escasos metros por encima de prados verdes recién regados. En el más absoluto silencio, con esa sensación de paz que solo la naturaleza es capaz de dar, sigo adelante preguntándome por el sentido de la vida, por el sentido de mi propia vida.

Amanecer, a la salida de Boimorto

Y empieza de nuevo el desfile de setas y esta vez sí, identifico una que mucha gente conoce: la Amanita muscaria, con su sombrero rojo-anaranjado y las verruguitas blancas típicas. Curiosamente no he visto entre tantísima variedad, ningún Lactarius deliciosus, ningún "rovellò o níscalo". Y este desfile coincide con unos bosques de abedules blancos, pero blancos de verdad.

Y así llego a Arzúa ,y aquí ya noto un tránsito de peregrinos notablemente superior. ¡Claro! en Arzúa vuelvo a conectar con el Camino francés. Hoy es domingo, me gustaría oír misa. Por fin localizo la iglesia parroquial de Santiago, y asisto a misa que hoy tenía como evangelio el episodio de Zaqueo contado por Lucas. Zaqueo, bajito, se sube a una higuera para ver a Jesús porque intuye que éste es algo más que un predicador. Y Jesús lo ficha para que le dé de comer y Zaqueo acepta invitarle y ahí se hacen amigos. Me ponen la credencial y me voy.

Al salir de Arzúa me encuentro con una hilera de manzanos que han dejado caer sus frutos. Me apremian las ganas de hacer un río o sea, de orinar y me escondo un poco detrás de uno de ellos. Cuando inicio el río me doy cuenta de que las manzanas ya semipodridas que tenía a mis pies, estaban repletas de grandes abejas o abejorros, que, por mis movimientos con los pies empezaron a ascender hacia mi aparato y a merodear por sus cercanías. Aguanté como pude el tipo y por fortuna la cosa no fue a más. Pero ¡vaya rato!

Pocos kilómetros después me paro en la Casa do Horreo, porque tengo apetito, hace un día espléndido y este lugar tiene una terraza muy acogedora y un bonito horreo *galego* que, a modo de puente, cruza por encima del camino. Me pido un buen plato de lentejas, que me sirven con carga de carne, chorizo y tocino, como debe ser. De postre, tarta de Santiago, que por algo me estoy acercando ya. Esto, junto a una clara y un cortado, diez euros. Estoy a diez kilómetros de O Pedrouzo.

Y llego muy contento a O Pedrouzo, después de haberlo bordeado a través de un bosque muy frondoso. Así es como aparece el nombre del pueblo en el cartel de la carretera. Voy cansado y me cuesta tres intentos hasta localizar un albergue privado donde me quedaré a dormir. Es muy moderno y está muy bien equipado. Han empezado a cerrar albergues cosa que, por lo que me dicen aquí, suele ocurrir en noviembre, el mes en el que estoy, que parece ser el de menor actividad peregrina y por eso no me ha resultado fácil encontrar uno.

Me doy una vuelta por el pueblo y veo que bastantes caminantes se dirigen a una iglesia próxima al albergue, al tiempo que resuenan las campanas llamando a misa. Voy por curiosidad y en efecto, a las seis de la tarde se celebra la misa del peregrino. Llego justo a tiempo y me sorprende ver la iglesia llena. Aparece un cura simpático que habla muy bien en castellano pero que tiene un claro acento italiano. Nos da la bienvenida en varios idiomas y se apresura a aclararnos que éste pueblo, que suele ser la última parada antes de la llegada a Santiago, no se llama O Pedrouzo sino Arca y que O Pedrouzo no es más que el nombre de la avenida principal que atraviesa el pueblo. Después de insistir en ello y de la proclamación de la Palabra, su homilía se limitó a señalar que el Camino tiene para él un único porqué y para qué: abrazar al apóstol, estar al lado de alguien que fue amigo de Jesús, permanecer al lado de alguien que conocía cómo era el Maestro, el color de su pelo y de sus ojos, sus costumbres, su voz. Y darle gracias por lo bueno recibido en la vida y pedir perdón por las cosas no buenas que hayamos podido hacer. Es decir, rezar un buen rato al lado del sepulcro. Y en tono jocoso repitió que quien hace el Camino para otro fin se ha equivocado, poniendo el ejemplo de los que dicen que lo hacen para encontrarse a sí mismos. "Esos donde deben ir es a un psicólogo y no a Santiago".

En el altar hay una imagen de Santa Eulalia, a quien va dedicada la iglesia. Al cura le pregunto si es la misma que la patrona de Barcelona y me responde contundente.

– ¡Pues claro!

A la salida me encuentro con Javier, que anda como yo buscando un sitio donde cenar algo. Nos metimos en un restaurante que estaba bastante animado, la "Pulpería Ché" y allí nos tomamos unas croquetas y un poco de pulpo y charlamos largamente. Él es funcionario, madrileño, está soltero, cincuentón y me dice que es creyente, católico, y que se siente bien caminando en la naturaleza.

– De vez en cuando me tomo un fin de semana y hago un recorrido que acabe en Santiago. He cogido ya muchos caminos, me sienta bien caminar por el bosque, por el campo, pero cuando me siento realmente mejor es cuando llego a Santiago. Y así voy viviendo, voy gozando a medida que voy caminando. Y hasta la próxima.
– Gracias, Javier, déjame tu dirección de correo electrónico y tu móvil y espero poderte enviar el libro, si es que lo llego a terminar alguna vez.
– Toma nota, aquí están mis datos.
– Hasta siempre, gracias.

Salgo de Arca, ya no me atrevo a llamarlo O Pedrouzo, no vaya a enterarse el cura, y al poco se levanta un temporal de lluvia y viento muy fuerte, de manera que me refugié en una pequeña capilla dedicada a Santa Lucía que afortunadamente estaba abierta gracias a dos voluntarios italianos que la mantenían así en un ejercicio altruista que me hizo pensar, una vez más, que hay mucha gente generosa repartida por el mundo sin que, a menudo, nos enteremos siquiera. En esta capilla me sellan por penúltima vez mi credencial (que ya es la segunda pues la primera la rellené al llegar a Santullán). Y es que ya solo me queda un espacio para la Catedral de Santiago. Esto me llena de emoción, la verdad. También me anima ver que la capilla está ya en el término de A Lavacolla, un lugar que conozco bien porque aquí está ubicado el aeropuerto de Santiago que he tenido ocasión de utilizar tiempo atrás, en no pocas ocasiones, por motivos laborales y que sé que está ya muy cerca de mi destino final.

Paso por San Paio, y por A Lavacolla donde se conoce que hay un riachuelo, que yo no alcancé a ver, que es donde la tradición dice que los peregrinos se lavaban a fondo, incluyendo las "coleas" (de ahí el nombre del lugar: Lavacolla), para llegar al sepulcro bien aseados.

Subo una pendiente considerable y llego al Monte do Gozo. ¡Si! ¡Vaya gozo! Desde aquí puedo ver abajo a la capital !!Verdadera emoción!!

Antes de emprender el último tramo, ya completamente urbano, pude ver a mi izquierda otra capilla abierta, ésta dedicada a la Virgen de Fátima y de nuevo a Santa Lucía, donde entré un momento para dar gracias, y, más abajo el impresionante complejo de albergues para los peregrinos que aquí se acumulan ya por cientos.

Estoy a cinco kilómetros de Santiago. Son las once de la mañana. Voy a apretar, me gustaría llegar a la misa de peregrinos de las doce. Se pone de nuevo a lloviznar. ¡Genial! Estoy en Santiago, nada mejor que llegar con lo que es propio de este lugar y en este tiempo: la lluvia. Es lo que me faltaba para completar este maravilloso Camino.

Ahora sí veo uno de los campanarios de la catedral. Acelero el paso, tengo una cierta ansiedad por llegar a la plaza del Obradoiro.

Entro en la plaza de A Inmaculada y oigo una gaita sonar permanentemente. ¡Ya casi estoy! Paso apresuradamente bajo el arco del palacio de Gelmírez y piso la maravillosa plaza del Obradoiro con la alegría de un niño. ¡Llegué! ¡¡Muchas gracias Santiago!! ¡¡Muchas gracias a todos los que me habéis ayudado a llegar!!

La plaza, ahora en un precioso mediodía soleado, es un hervidero de peregrinos y gentes que quieren pisar su suelo y fotografiarse en ese único marco. Se me acerca un joven.

– Oye, ¿te importaría hacerme una foto con la fachada de la catedral detrás?

– No, claro que no.

– Pues venga, házmela por favor.

Y el muchacho se tiró literalmente en tierra para coger todo lo alto de los campanarios, además de mi figura.

Aquí acabé encontrando al apóstol ¡¡Santiago!!

– ¿Quieres que te haga ahora yo una a ti?

– Pues sí.

Y yo también me tiré al suelo hasta que cogí las torres al completo.

De allí, rápidamente corrí a intentar entrar en la catedral para la misa. Imposible. Estaba repleta y tuvieron que cerrar por el alud de peregrinos.

Me fui entonces directo a la oficina del peregrino a recoger como si se tratara de un tesoro mi Compostela de año Jubilar Xacobeo. ¡Aquí la tengo! ¡Para siempre! ¡Gracias, Santiago!

La verdad es que traía la ilusión de hacer alguna lectura en una de las misas de peregrinos, así es que perseguí el propósito. Por la tarde fui de nuevo a la catedral para la celebración de las seis. Al finalizar entré en la sacristía, conocí al sacristán y éste me dijo que fuera media hora antes de la misa de nueve y media de la mañana siguiente, que le haría yo a él un favor leyendo la primera lectura y los salmos. Y así lo hice, tras entrar en la Catedral por la Puerta Santa.

Por pereza, me quedé a dormir esa noche en el albergue "Kilómetro cero" de la capital, no me apeteció retroceder cinco kilómetros hasta el Monte do Gozo. En ese apretado albergue conocí, mientras preparaba en la cocina un frito de cebolla y calabacín con bacalao, a Michele, un muchacho italiano de veintitrés años, de Roma, a quien también pregunté, y éste fue el último testimonio recogido, por qué hizo el Camino.

Su respuesta fue breve y clara:

– Necesitaba desconectar de mi rutina basada en un quehacer constante, siempre enfocado a otros y nunca a mí mismo. Necesitaba romper con una vida llena de ocupaciones que no me eran propias. Pensé que el Camino podría ser una solución. Y el Camino ha logrado esa desconexión. Probé y me ha ido bien.
– Oye, y ¿cuándo vuelves a Roma?
– Pues no lo sé. Me siento tan a gusto en Santiago, que de momento no quiero volver.
– Si me das tu dirección de correo te mando el libro que quiero escribir en el que tú serías el último testimonio del por qué.

– Toma, aquí está.

Gracias y hasta siempre Michele.

Después de la misa de las 9:30 fui por segunda vez al sepulcro del apóstol y pensando en el comentario del cura de Arca, estuve a su lado más de media hora, casi toda a solas con él. Me di cuenta allí de la suerte que supone tener fe. De manera que entre otras cosas pedí sobretodo a Santiago que intercediera ante el Señor para que aumentara mi lánguida fe.

Junto al sepulcro

Y quizás quien lea este relato se pregunte: y tú, que te has dedicado a preguntar a los demás, ¿por qué has hecho el Camino?

Pues voy a responderos:

La primera razón es porque desde hace muchos años me sorprende el hecho de que este Camino haya seguido vivo después de diez siglos de existencia. A mi edad, he podido confirmar que todo es efímero, las cosas pasan de moda, se olvidan cuando no se extinguen. Todo se olvida o desaparece menos lo que es excepcional. ¿Cabe pensar entonces que el Camino es un fenómeno excepcional? Y si lo es, ¿por qué lo es? ¿Hay acaso en la historia del hombre una cosa igual? ¿por qué no hay caminos de San Andrés o de San Juan o de San Pablo o de cualquiera de los otros apóstoles o santos que sean tan duraderos? ¿Qué hay de desconocido para que éste persevere tantos siglos? Caminos bellos, incluso más que éste, debe haber muchos en el mundo. Pero éste se ha quedado y los demás no.

Y la segunda razón estriba en el hecho de que todas las personas que he conocido y han realizado el Camino, han vuelto, según me han dicho, enriquecidos. Vuelven mejor. Y muchos de ellos carecen de inquietud religiosa. Claro que quien vuelve con unos cuantos kilos de menos vuelve contento, y que todos han disfrutado de una Naturaleza primorosa, y que se hacen amigos, pero ¿explica eso el hecho de que un gran número de caminantes repitan o quieran repetir la peregrinación o que todos aconsejen a sus amigos y familiares que lo hagan?

Yo he sido feliz caminando y meditando solo y no he sentido nunca miedo, lo he sido compartiendo con los demás la comida, a veces escasa o muy sencilla, el albergue, la austeridad, el buen humor, el buen ánimo, la amistad, lo he sido también comprobando el amor por el arte, la naturaleza, el respeto con todos los seres vivos, con el ambiente, el disfrute de la vista, del oído, del olor, del sabor. Uno se da cuenta aquí de que se puede vivir y ser feliz sin demasiadas cosas ni comodidades. Cualquier comida te parece bien, porque tienes hambre, y por las noches acabas tan rendido que no te entretienes en comprobar si un colchón es más duro que otro.

Ha habido ratos complicados, la fatiga y el dolor de pies o de espalda han estado presentes, me he perdido a veces, pero aun así, solo recuerdo lo bueno de esta aventura. Y es que lo bueno supera de largo a los pequeños inconvenientes.

Hay algo que quiero resaltar y es la sensación de libertad que se disfruta en el Camino. Hasta el punto de aceptar sin demasiada pesadumbre las equivocaciones: me he perdido, pero ha sido por mi causa, no por otra.

Yo también he regresado enriquecido, y no puedo menos que recomendaros que, si os es posible, lo hagáis.

A todos futuros peregrinos del Camino o no, os digo "¡¡Buen Camino!!"

AGRADECIMIENTOS

Doy las gracias a todos los que me animaron y ayudaron a emprender y a finalizar esta extraordinaria aventura físico-espiritual y emotiva que es el Camino de Santiago: a mi esposa Montse, ya fallecida, a mis hijos José Luis, Margarita María y Cristina, a mis nietos y al resto de familiares y amigos.

Un agradecimiento especial debo a Lucas González, informático sagaz que tuvo la habilidad de recuperar la casi totalidad de los textos que, por mi torpeza, "machaqué" repetidamente una tarde aciaga de ordenador y que suponían una buena parte del contenido de este librito.

Y finalmente y no por ello menos importante, a todos los peregrinos que tuvieron a bien responder a la pregunta que da título y es la quintaesencia de estas páginas: Y tú, ¿por qué haces el Camino? Con muchos de éstos crucé lazos de auténtica amistad, de admiración, de humanidad.